미디어 리터러시
보드게임북

미디어 리터러시 보드게임북

초판 1쇄 발행 2020년 10월 22일
초판 5쇄 발행 2023년 9월 10일

지은이 박점희
펴낸이 이범상
펴낸곳 (주)비전비엔피·애플북스

기획 편집 이경원 차재호 정락정 김승희 박성아 신은정
디자인 최원영 허정수
마케팅 이성호 이병준
전자책 김성화 김희정
관리 이다정

주소 우) 04034 서울특별시 마포구 잔다리로7길 12 (서교동)
전화 02) 338-2411 | **팩스** 02) 338-2413
홈페이지 www.visionbp.co.kr
이메일 visioncorea@naver.com
원고투고 editor@visionbp.co.kr
인스타그램 www.instagram.com/visionbp
포스트 post.naver.com/visioncorea

등록번호 제313-2007-000012호

ISBN 979-11-90147-33-0 14370
      979-11-90147-31-6 (set)

교육과 만난 보드게임북 시리즈 2

미디어 리터러시 보드게임북

박점희 지음

애플북스

이 책에 대한 추천사

코로나19라는 미증유의 위기 속에도 대한민국은 빠르게 디지털 기기를 보급하고 플랫폼을 마련하는 등 뛰어난 원격수업 환경을 만들고 정비했습니다. 이렇게 자리 잡은 온라인 교육은 앞으로도 일정 부분 계속될 것으로 보입니다. 그렇다면 무엇보다 중요한 것이 미디어를 바로 알고 그 내용을 비판적으로 분별할 수 있는 미디어 리터러시 능력입니다. 게임을 통해 아이들이 흥미를 갖고 미디어 리터러시 능력을 습득하는 것은 정보의 무분별한 수용을 막을 뿐 아니라 향후 4차 산업혁명 시대에 맞는 창의적인 인재를 양성하는 데에도 도움이 될 것이라 기대합니다.

유기홍_국회 교육위원장

학교는 작은 사회입니다. 학교 안에는 학생 시민들이 있습니다. 이들은 어려서부터 미디어 환경이 자연환경보다 더 익숙한 디지털 원주민입니다. 그러나 아직 학교 교육에서 디지털 원주민을 제대로 교육할 수 있는 콘텐츠가 많이 부족합니다. 게다가 전문적인 교육도 쉽지 않은 게 현실입니다. 이 책은 디지털 원주민 학생들에게 미디어 세상을 쉽고, 재밌으면서 보다 정확하게 만날 수 있게 이끌어줍니다. 디지털 원주민을 슬기로운 디지털 시민으로 자랄 수 있게 도와줍니다. 이 책 저자이신 박점희 선생님은 오랜 기간 미디어 교육을 통해 학생들을 만나며 풍성한 교육 콘텐츠를 만들어 보급하고 있습니다. 현직 교사로서 학교 밖에 이런 교육 동료가 있다는 것은 행운입니다. 많은 선생님들의 활용을 권장합니다.

김혜자_전국사회교사모임 대표

30년 전에 고랭지 배추 농사를 주로 짓는 시골 학교에 첫 발령을 받았습니다. 그리고 아이들과 생활해오면서 우연한 기회에 미디어 리터러시의 필요성을 알게 되었습니다. 그때부터 아이들은 현재가 아닌 미래를 꿈꾸기 시작하였고, 나는 신문뿐만 아니라 다양한 미디어별 리터러시 전략을 개발하고 미디어 캠프를 여는 등 20여 년을 노력해 왔습니다. 그리고 어느 정도 매너리즘에 빠질 무렵, 박점희 선생님을 통해서 또 다른 미디어 리터러시의 방향성을 알게 되었습니다. 특히 최근에 저술한 보드게임을 활용한 게이미피케이션 관련 책은 '포노 사피엔스'로 살아가는 우리 학생들에게 진정한 자기 주도 학습이 무엇인지를 잘 알려주었습니다. 가르침에 권태가 느껴지는 모든 분께 신선한 청량제로 자리매김할 《미디어 리터러시 보드게임북》을 적극 추천합니다.

김장수_횡성 청일초등학교 교장

2015 개정교육과정 이후 역량을 이야기하면서 미디어 리터러시를 쉽게 접할 수 있게 되었지만, 학교 현장에 있는 교사나 학생에게는 여전히 어색한 단어입니다. '이러한 미디어 리터러시를 어떻게 하면 편하게 접근하도록 할 수 있을까?' 미디어 리터러시 교육의 산증인인 박점희 선생님의 보드게임식 접근이 흥미롭습니다. 그 어느 때보다 미디어와 더 많은 시간을 보내고 있는 지금 '역시나 딱'인 자료입니다! 미디어에 더욱 가까워진 세대, 그리고 이를 바라보며 걱정하는 세대 모두에게 미디어를 건강하게 바라보게 하는 이 책을 권장합니다.

심성호_깨끗한미디어교사운동 공동대표, 양성초등학교 교사

10년 이상 미디어 교육을 진행해 오면서, 자신이 원하는 미디어만 선택하는 아이들을 바라보며 많은 좌절을 경험했습니다. 하지만 박점희 선생님의 게이미피케이션 수업을 보며, 미디어 리터러시에 관심 없었던 아이들이 세상을 제대로 바라보고 함께 토론할 수 있겠다는 생각을 했습니다. 이제는 저도 가르치는 선생님이 아닌 배우는 선생님이 되었습니다. 미디어 교육에 관심 있는 선생님, 학생들과 미디어 교육을 같이하고 싶은 선생님들께 이 책을 강력하게 추천합니다.

이경민_대감초등학교 교사

교원학습공동체 연수에서 '보드게임 교육과 만나다'로 게이미피케이션을 접하게 되었습니다. 보드게임이 가진 장점을 수업과 접목시키려는 노력은 하고 있었지만 쉽지는 않았습니다. 특히 수업의 내용을 보드게임과 연결시키는 것이 제일 힘들었습니다. 그래서 신나는미디어교육의 박점희 선생님과 연수를 진행했고, 덕분에 수업과 보드게임을 연결하는 다양한 시도들을 할 수 있게 되었습니다. 사회에 이어 미디어 리터러시 보드게임이 나오는 것을 보며, 내가 가르치는 교과에 대해서도 시리즈가 나오기를 기대해 봅니다.

이미영_상계제일중학교 수석교사

놀이가 배움이 되는 디지털 교학상장의 새로운 비전!
진실로 학생들에게 유익한 교육은 '재미'와 '의미(가치)'를 모두 경험하게 하는 것입니다. 이 책은 미래 세대에게 꼭 필요한 미디어 리터러시 역량을 보드게임 형식으로 익히도록 기획한 워크북입니다. 강의식, 일방적 전달 수업보다 온라인에서 가능한 게임도구들과 구체적인 방법을 소개하고 있는 이 책은 새로운 온라인 수업을 준비하시는 여러 선생님께 좋은 길라잡이가 되리라 확신합니다. 미디어 교육은 물론 새로운 방법의 수업 형태를 제시한 획기적인 책인 《미디어 리터러시 보드게임북》에 많은 선생님들의 관심을 부탁드립니다.

이영발_서울문영여자고등학교 교사

교육에 있어 피교육자의 이해보다 중요한 것은 없을 것입니다. 게임 형태의 수업이 겉으로는 쉬워 보이지만, 오랜 경험의 축적 없이는 불가능한 수업임을 알고 있습니다. 날마다 쏟아지는 정보의 홍수 속에서 사건과 사안을 보는 시각을 정립하는 것이 미디어 리터러시의 중요성이라는 점을 감안하면, 게이미피케이션 미디어 리터러시는 학령기 아동에게 재미있고 획기적인 교육 방법이라고 생각합니다. 날마다 아이들을 가르치는 우리 교사들에게 꼭 필요한 교본이 아닐까 합니다.

조윤희_부산 금성고등학교 교사

게임으로 즐기며
올바른 미디어 세상을 배우다

학창시절의 기억을 더듬어보면, 무작정 외우면 되는 공부가 제겐 가장 어려웠습니다. 원리를 이해해야 외워졌고, 공감해야 오롯이 내 것이 되었습니다. 그러다 보니 공부가 쉽지는 않았습니다. 그런 제게, 어릴 적 아버지가 사 들고 오셨던 '부루마불 보드게임'은 아주 신선한 세상을 보여주었습니다. 게임을 통해 세계 여러 나라를 알게 되었고, 태어나서 처음으로 은행 거래를 했으며, 게임판 위에서 정해진 칸을 지날 때마다 통행세를 지불하며 거래라는 것을 배우게 되었습니다. 지식을 쌓을 수 있고, 그 지식을 바탕으로 사고하고 판단하여 결정하는 것이, 게임으로도 가능함을 경험하게 되었던 것입니다.

이러한 경험은 제가 세 아이를 교육하는 데에도 힘을 발휘하였습니다. 동네에서 작은 문화센터를 운영하면서, 독일의 유명한 보드게임 회사인 라벤스부르거를 국내로 들여와 보드게임 교육을 하던 기관과 계약을 하였습니다. 당시 풀 세트에 수백만 원 하던 교구를 몇 세트 구비하고 전문 강사를 모셔와서 교육을 실시했는데, 그 덕분에 아이들은 교구 가격보다 훨씬 더 값진 지식과 지혜를 즐기면서 쌓을 수 있었습니다.

이러한 경험이 바탕이 되어, 당시 재경부에서 세계화를 주제로 사회과 부교재를 개발할 때, 게임을 활동자료로 함께 개발하게 되었습니다. 개발을 마치고 갔던 교사연수의 기억은 아직도 생생하게 남아 있습니다. 자유무역에 대한 반대 시위가 끊이지 않았던 시절에 제가 세계화를 하자는 내용이 담긴 교육 자료를 가지고 다녔던 것이죠. 서울, 대전, 대구, 부산을 돌고 광주로 갔었습니다. 교육장에서 만난 선생님들은 따가운 눈빛으로, '지금 이 교재로 수업하라는 것이냐?', '이런 교과서를 들고 여기 올 생각을 어떻게 할 수 있나?' 등의 반응을 보냈습니다. 그때 제가 할 수 있는 것이라고는 "저는 교육하러 왔을 뿐이에요. 교재를 사용하고 안 하고는 선생님들의 선택입니다."라는 말을 전하는 것뿐이었습니다.

경제를 잘 모르는 제가 섣불리 할 말도 없었기에 바로 게임을 진행하였습니다. 그런데 게임을 진행한 후의 분위기는 조금 전 모습과 완전히 달라져 있었습니다. 더 많은 생산품을 얻어 승리하기 위해 이렇게 저렇게 고민하고, 투자를 통해 더 많은 이익을 얻고자 진지하게 임하신 것입니다. 그러고는 "이 게임은 교구로 안 파나요?"라고 제게 묻기도 했습니다. 게임식 활동이 선생님들께 통했구나 하는 생각을 하며, 주눅 들었던 가슴을 쓸어내렸습니다.

보드게임을 수업에 다시 적용한 것은 자유학기제 시범학교가 운영되면서였습니다. 신문 읽기를 싫어하는 아이들에게 자연스럽게 신문을 읽게 할 방법으로 게임을 도입하게 되었고, 이 방법은 아이들에게도 통했습니다. 수업시간에 할 일이 있고 재미도 있으니, 잠자는 아이들도 당연히 줄어들게 되었습니다. 그 이후로 수업에서 사용하면 좋을 다양한 보드게임 형태를 고민하게 되었습니다. 간단한 짝 찾기 게임부터 학생들이 직접 게임을 만들어 즐기는 형태까지 진행하였는데, 학생들의 반응은 꽤 좋았습니다.

최근 허위 조작 정보를 비롯하여 넘쳐나는 미디어의 홍수 속에서, 미디어를 현명하게 활용할 줄 아는 소비자가 되는 것이 필요한 시대가 되었습니다. 또한 1인 1미디어 시대에 미디어를 생산함에 있어서도 주의하고 지켜야 할 것이 너무나 많은 시대가 되었습니다. 그럴 때마다 하나씩 가르칠 수는 없는 일이기에, 게임을 하며 깨우칠 수 있는 현명한 생비자가 되는 보드게임을 고민하게 되었습니다.

이렇게 얻은 결과물은 은효경 선생님과의 공저 《보드게임, 교육과 만나다》로 세상에 태어났고, 이러한 경험은 박찬정 선생님과의 공저 《사회 보드게임북》으로 탄생하였습니다. 이제 《미디어 리터러시 보드게임북》으로 다시 한 번 더 얼굴을 내밉니다. '교육과 만난 보드게임북 시리즈'는 앞으로도 다양한 주제로 더욱 재미있게 구성되어 여러분을 찾아갈 예정입니다.

온라인 수업이 본격화된 지금은 또 다른 고민을 합니다. 오프라인이 아니라 온라인 학습 상황에서 카드를 나누고, 주사위를 굴리는 등의 보드게임을 어떻게 진행하는 것이 효과적인지에 대해서 말이죠. 이렇게 예쁘게 만들어진 보드게임을 학습 도구로 활용하여, 온라인 안에서 어떻게 제시하고 어떤 효과를 거둘 수 있을지를 추가로 고민하고 있습니다. 이미 가능한 방법은 이 책에서 함께 소개하고 있습니다.

《미디어 리터러시 보드게임북》이 미디어 교육을 하고자 하는 선생님들과 강사님들, 그리고 미디어가 궁금한 초·중·고등학교의 학생들에게 유용하게 쓰이기를 바랍니다.

2020년 10월
박점희

차례

학습 목표

다양한 미디어를 알고, 자신이

최초의 학습용 보드게임북!

학습 목표를 확인하자.

준비물(활동 자료는 58쪽 참조)

미디어 생비자 Q&A 카드 24장

뒷면에 준비된 활동 자료를 잘라 준비한다. 이때 카드 사이즈에 맞는 OPP 비접착 봉투가 있다면 금상첨화. 두고두고 쓸 수 있는 교구를 갖게 된다.

학습 도움말

1. 게임의 규칙 적용하기

학습 도움말을 참고하여 학습 절차에 따라 진행하자. 사전 사후 교육에 대한 안내도 소개하고 있으니 꼼꼼히 확인!

활동지

뉴스 가치 지수 게임

제대로 학습이 되었는지 확인이 필요하다. 그렇다면 학습 정리 페이지를 복사해서 나눠주자.

평가 루브릭

 자기-동료-교사 평가

수업을 마쳤다면, 스스로 평가하고, 동료 평가도 하고, 교사 관찰도 남기자. 학생 수만큼 복사하여 사용하면 된다.

미디어 생비자 Q&A 게임 설명서

자세한 설명서가 제공된다. 교사가 설명하고 진행할 수도 있고, 학생 스스로가 이해한 것을 바탕으로 설명한 후 게임을 진행해도 좋다. 게임을 바탕으로 이루어지는 수업은 언제나 즐겁다.

 보드게임은 오프라인에서만 가능하다고?

온라인 수업에서도 보드게임은 소통의 도구로 활용이 가능하다.

1. 미디어 생비자 Q&A 카드 몇 장을 쌍방향 수업이나 온라인 영상 속에서 제시하고, 학생들에게 카드의 질문에 답하도록 과제로 내주어도 좋다. 학생들은 과제가 게임의 형태로 제공되는 경우 부담을 덜 갖게 된다.

2. 뉴스 가치 지수 게임을 쌍방향 수업 중에 실시하는 경우, 선생님께서 게임의 진행자가 되어 카드 5장을 펼치고, 학생들에게 번호를 선택하도록 한다. 영상을 제작하여 올리는 수업이라면, 선생님의 플레이를 보고 학생들이 번호를 쓰고, 그렇게 생각한 이유를 댓글 등의 방법으로 제출한다. 이때 라디오 프로그램과 같이 텔레파시 퀴즈 등으로 운영해도 좋다.

3. 뉴스 용어 짝 찾기를 쌍방향으로 플레이할 경우, 카드가 놓인 자리에 임의로 번호를 정하거나, 좌표 값을 정하면 쉽게 플레이할 수 있다. 영상에 담는 경우, 색상이 유사한 일부의 짝 카드를 늘어놓고, 짝 연결을 가장 많이 한 학생을 찾는 게임을 하면 된다.

미디어
리터러시의
정의와 이론

1. 미디어가 뭐예요?

"우리가 함께 공부할 과목은 미디어 리터러시입니다."
"선생님! 그게 뭐예요?"

　자유학기제 시간에 나의 교실에 들어온 중학생들은 자신이 선택한 반이 어떤 수업을 하는지도 모른다. 대체로 학교에서 홍보하는 수업 제목은 '미디어반', '뉴스로 세상 읽기', '미디어 리터러시' 정도다. 이 수업에 참여하는 학생들은 대부분 가위바위보에 졌다거나, 또는 그저 '영상을 보는 수업', '뉴스를 읽는 수업'으로만 알 뿐 수업에 대한 이해가 전혀 없다. 그러니 '그게 뭐냐'는 질문은 어찌 보면 당연하다.

　"미디어가 뭔지는 모르지만 들어보기는 한 사람?"

이렇게 물어보면 한 교실에서 3분의 1 정도 손을 든다.

"미디어media는 한쪽과 다른 한쪽의 중간(medium에서 유래)에서 의사나 감정 또는 정보 등을 전해 주는 수단을 말하는 거야. 그럼 이런 미디어의 예로 어떤 것이 있는지 아는 사람?"

그러면 서너 명이 손을 든다.

"스마트폰요."

"텔레비전요."

"컴퓨터요"

"맞아. 너희가 이야기한 것들이 모두 미디어지. 송신자와 수신자 중간에 있는 전화, 편지, 이메일 등을 생각하면 돼. 우리말로는 '매체'라고 한단다."

"그럼 영화도 미디어예요?"

"그렇지. 시나리오 작가와 영화감독이 말하고자 하는 이야기가 영화라는 미디어에 담겨서 우리에게 전달되는 거니까. 노래도 마찬가지야. 가사에 생각을 담기도 하지만, 음악 자체에 전하고자 하는 감정을 담기 때문에 미디어라고 할 수 있지."

학생들은 미디어라는 말은 많이 들어봤지만 그것이 무엇인지도 모른 채, 아니 알 필요도 느끼지 못한 채 그것을 이용하고 있다. 미디어 이용에 대한 비판적 사고를 비롯해 순기능과 역기능 등의 정보를 접하더라도, 그것이 무슨 의미인지 알지 못하는 경우가 많다. 그래서 미디어 교육을 할 때는 미디어가 무엇이고, 어떤 것이 해당되는지를 먼저 이해시킬 필요가 있다.

미디어 이론가이자 문화비평가인 마셜 맥루한은 미디어를 "인간이 인위적으로 만들어낸 모든 것"으로 광범위하게 정의했다. 미디어의 종류를 이야기할 때 텔레비전이나 라디오, 신문 정도밖에 떠올리지 못하는데 맥루한은 세상의 모든 것을 미디어로 보고 있다. 그는 자동차, 도로, 집, 옷 등 모든 인공물과 기술 그리고 의술과 철학, 과학 법칙 등 무형의 정신까지 미디어에 포함했다.

맥루한은 미디어가 인간에게 미치는 영향에 대해서도 연구했다. 철도는 단순히 빠른 시간 내에 화물을 옮기는 것뿐만 아니라 여가와 노동, 새로운 도시를 만들어낸다는 점에서 기차가 실어 나르는 내용물보다 철도를 만들고 기차가 달리는 것 자체가 사회를 변화시키는 힘이라고 보았다. 과학기술이 발전할수록 미디어도 발달하고 인간의 생활도 변한다는 것이다. 100년 전 일본으로 가보자. 당시 일본은 서구 문물을 열심히 받아들였다. 이때 일본이 중요하게 생각한 것은 독서였다. 결론부터 이야기하면 일본의 독서 인구가 늘어난 것은 철도 때문이었다. 1887년 철도가 일본 전역에 놓이기 시작하면서 출판유통망이 생겨났고, 도쿄나 오사카의 출판물과 신문, 잡지, 도서 등이 전국으로 확대되었다. 일본은 철도로 인해 인쇄 미디어가 확산된 사례다.

맥루한은 미디어 발전을 인간의 확장으로 보기도 했다. 미디어의 발전이 신체의 기능을 확장하고 우리의 감각을 넓혔다는 것이다. 예를 들어 카메라는 눈의 기능을 확장한 것이고, 라디오는 귀의 기능을 확장한 것이다. 그래서 사진을 시각 미디어, 라디오를 청각 미디어, 텔레비전을 시청각 미디어, 후각을 제외한 모든 것이 들어 있는 컴퓨터는 토털 미디어라고 구분한다. 그리고 우리 몸을 확장해서 만든 미디어가 다시 우리 몸에 영향을 미친다. 맥루한이 정의하는 것을 '광의의 미디어'라고 한다.

이에 비해 '협의의 미디어'는 정보나 감정 등을 관계 속에서 전달하는 것을 말한다.

협의의 미디어는 다음과 같은 특징이 있다. 첫째, 관계 사이의 미디어다. 여기에는 기술적 장치도 포함된다. 사람과 사람 사이의 컴퓨터를 비롯하여, 작가와 독자 사이의 텍스트, 그리고 입으로 전하는 언어도 미디어다. 둘째, 미디어는 전달하고자 하는 메시지를 생성한다. 신문은 새로운 소식을 전하고, 책은 작가의 이야기를 전하며, 노래는 작사가와 작곡가의 느낌을 전한다. 셋째, 이러한 미디어를 통해 특정한 계층을 형성한다. 대중을 만드는 매스미디어, 구독 관계를 이루는 트위터, 친구 관계를 엮는 소셜 네트워크 서비스SNS 등이 해당된다.

이러한 미디어는 광의와 협의로 정의부터 다양하게 해석되기도 하지만, 끊임없이 새로 생겨나고, 업데이트되며, 일방향에서 쌍방향으로, 일차원에서 다차원으로 진화한다. 시간이 지나고 기술이 발달하면서 라디오가 발명되었고, 텔레비전이 보급되기 시작하면서 매스미디어의 시대가 열렸다.

2. 교실로 간 미디어 리터러시

이렇게 딱히 하나로 정의하기 어려운 미디어를 리터러시하는 수업이 나의 교실에서 이루어진다.

"미디어 리터러시가 뭐예요?"

이 질문은 어찌 보면 당연한 것이다.
'리터러시literacy'란 본래 문자를 읽고 쓰는 능력을 의미한다. 텍스트를 통해 지식과

정보를 획득하고 이해하는 능력에서 출발하여 스스로 생산해내는 능력까지 포함한다.

미디어와 마찬가지로 리터러시의 정의 역시 하나로 규정하기 쉽지 않다. 사람에 따라 조금씩 차이가 있으며 두루뭉술하게 정의하기도 한다. 최근 특정 미디어의 기능이 부각되면서 디지털 리터러시, 컴퓨터 리터러시, 정보 리터러시, 영상 리터러시 등 다양한 용어로 사용되고 있다.

이러한 미디어 리터러시를 유럽시청자권익위원회는 다음과 같이 정의했다.

"미디어가 제공하는 메시지를 해석, 분석, 처리한 정보를 획득, 흡수, 맥락화할 수 있는 능력."

여기에서는 '미디어에 접근하고 이용하는 기술적 능력을 바탕으로, 미디어를 통해 전송되는 감정이나 생각 또는 정보를, 맥락에 맞게 읽고 분석하는 비판적 사고 능력이나 창의적인 생산 능력'이라고 정의한다.

영국 런던정경대학 미디어 커뮤니케이션학과 교수 소니아 리빙스턴Sonia Livingstone은 "시청각 미디어가 지배적이던 시기에는 미디어 리터러시가 '이용자의 수용성audience reception'과 '해석interpretation' 능력에 초점을 맞췄지만, 누구나 콘텐츠를 생산하고 확산시킬 수 있는 현재의 미디어 이용 환경에서는 참여적, 비판적 능력이 반영된 미디어 리터러시 개념이 요구된다"고 언급했다(리빙스턴, 2004, p.20).

미디어 이용자가 수용자에서 참여자로, 그리고 소비자에서 시민으로 발전해야 한다는 것을 강조하면서 '미디어 생비자'라는 표현을 썼다. '생산자'인 동시에 '소비자'라는 것이다. 이전 사회는 생산자와 소비자가 구분되었다. 소비자는 생산된 상품을 수동적으로 소비하는 존재였다. 그러나 정보사회의 변화와 다양한 미디어의 발달로 인해 기존에 생산한 가구를 단순히 사용하기만 하는 소비자가 아니라 DIY로 직접 생산에 참여하는 소비자가 생겨났다. 이러한 생비자는 뉴스를 읽기만 하는 사람이 아니라 시민

기자로 활동하며, 다양한 시각과 의견을 담아 뉴스를 생산하는 새로운 모습을 보여준다. 뿐만 아니라 뉴스와 같은 정보를 비판적으로 살펴보고 유튜브와 같은 새로운 미디어 형태로 적극 생산하는 추세이다.

유튜브와 같은 영상 미디어는 하루에도 셀 수 없을 만큼 많은 정보가 업데이트되고 있다. TV와 언론사를 비롯해 포털사이트 등의 다양한 매체를 통해 각양각색의 뉴스가 쏟아져 나온다. 따라서 미디어를 올바로 분석하고 제대로 이용하는 능력이 필요하다. 이와 관련하여 교육부는 미디어 교육 내실화 계획을 발표했으며, 학생들이 직접 콘텐츠를 제작하고 미디어를 책임감 있게 이용하는 능력을 함양하는 데 초점을 맞춘 미디어 교육을 검토하고 있다. 교사의 미디어 교육 역량을 높이기 위해 지원하고, 우수한 미디어 수업 사례 발굴도 유도한다고 밝혔다. 또한 학교 밖 청소년이나 농산어촌 학생도 양질의 미디어 교육을 받을 수 있도록 지역 내 미디어 교육 연계망을 강화하며, KBS와 업무 협약을 맺고 체험 프로그램 지원, 시·도 교육청과 KBS 지역국 사이의 소통 강화 등을 계획하고 있다.

3. 뉴스, 저널리즘을 지향하다

미디어 리터러시 수업에서 가장 많이 다루는 것은 뉴스이다. '소식'이라는 뜻의 뉴스는 입에서 입으로 전파되던 초기를 지나, 광장이나 벽면을 통해 알림, 즉 방을 붙이던 시대와 커피하우스에서 신문을 읽고 공유하던 시대를 거쳐, 가정마다 종이 신문이 배달되던 시대를 지나 현재까지 발전해 왔다. 상업 라디오 방송이 신문 뉴스를 읽어주던 시대도 있었고, 텔레비전 시대가 열리면서 텍스트뿐만 아니라 영상으로도 현장 상황을 생생하게 전달받을 수 있다. 그리고 지금은 언론사와 방송사뿐만 아니라 개인이 직접 뉴스를 만드는 시대로 변화하고 있으며, 스마트폰을 통해 시시각각 새로운 읽을거리를 제공받는 시대를 맞이했다. 그러다 보니 뉴스의 원칙을 지키고 있는지 여부가 중요하다. 여기에서 빌 코바치와 톰 로젠스틸이 정의한 '뉴스 저널리즘 10가지 원칙'을 살펴보자.

뉴스 저널리즘 10가지 원칙

1. 저널리즘의 첫 번째 의무는 진실에 대한 것이다.
2. 저널리즘이 가장 충성을 바쳐야 할 대상은 시민들이다.
3. 저널리즘의 본질은 사실 확인의 규율이다.
4. 기자들은 취재하는 대상으로부터 반드시 독립성을 유지해야 한다.
5. 기자들은 반드시 권력에 대한 독립적인 감시자로 봉사해야 한다.
6. 저널리즘은 반드시 공공의 비판과 타협을 위한 포럼을 제공해야 한다.
7. 저널리즘은 반드시 최선을 다해 시민들이 중요한 사안들을 흥미롭게 그들의 삶과 관련 있는 일로 인식할 수 있도록 전달해야 한다.
8. 저널리즘은 뉴스를 포괄적이면서도 비중에 맞게 다뤄야 한다.
9. 기자들은 그들의 개인적 양심을 실천해야 할 의무가 있다.
10. 시민들도 뉴스에 대해 권리와 책임을 가진다.

뉴스를 제대로 이해하기 위해서는 사실과 진실을 구분해야 하고, 사실 속에 몇 퍼센트의 진실이 담겨 있는지도 관찰해야 한다. 육하원칙을 바탕으로 사건을 보도하는 스트레이트 뉴스는 '언제, 어디서, 누가, 무엇을'에 대해서는 그대로 담지만, '어떻게, 왜'에 해당하는 것은 제보 내용 또는 기자가 취재한 것을 바탕으로 작성된다. 이때 누구를 만나, 무엇을, 어떤 관점에서 취재했는지에 따라 한쪽으로 치우칠 수도 있다.

"선생님, 그런데 사실이 진실 아니에요?"

수업에서 만나는 학생들이 많이 하는 질문이다. 다음 뉴스를 사례로 사실과 진실이 무엇인지 생각해 보자.

> **2017년 '240번 버스 사건' 개요**
> ○ 2017년 9월 11일 오후 6시 20분경. 240번 버스에 탑승했던 승객이, "5살도 안 되어 보이는 아이만 내리고 여성분이 내리려던 찰나 뒷문이 닫혔고, 아이만 내리고 엄마는 못 내렸습니다. 아주머니는 울부짖으며 문을 열어달라고 하는데 무시하고 그냥 가더군요."라는 글을 특정 사이트에 목격담으로 게시함.
> ○ 이와 연관된 뉴스들이 전자신문에 올라오고 버스 기사를 향한 비난 댓글이 거세짐.

이 사건에서 알 수 있는 것을 육하원칙으로 정리하면 다음과 같다.

> ○ 언제 : 2017년 9월 11일 오후 6시 20분경
> ○ 어디서 : 240번 버스 안
> ○ 무엇을 : 엄마와 함께 탑승한 5살 어린이가 혼자 내리는 사건을
> ○ 어떻게 : 버스 안에 있던 승객이 제보함
> ○ 왜 : 엄마가 버스를 세워달라고 울부짖으며 요청했지만 버스 기사가 그것을 무시하고 그냥 달려서

다음 날 이 사건에 대한 보도가 이어졌다.

> ○ 해당 버스 기사의 딸이 경찰 조사를 요청함.
> ○ 운송조합과 서울시는 CCTV를 확인함.
> ○ 그 결과 240번 버스가 멈추지 못한 것은 '안전 문제, 규정, 그리고 무엇보다 아이의 일을 미처 인지하지 못했기 때문'으로 보고, 승객의 요청 무시가 아니었으므로 처벌할 근거가 없다는 결론을 내림.

여기에서 사실은 무엇일까? 아마도 '모두 사실 아냐?' 하는 반응을 보일 수 있다. 그렇다면 드러난 사실이 모두 진실일까?

○ 실제 아이의 나이는 7세(보도 나이)였음.
○ 내리려던 찰나에 뒷문이 닫힌 것이 아니라 모든 승객이 내리고도 16초간 뒷문이 열려 있었음.
○ 운전기사는 승객을 무시하고 그냥 간 것이 아니라 다음 정류장에서 내려주겠다고 응대함.

제보자가 이야기한 사실은 진실과는 다르게 왜곡된 시선이 있었다. 그런데도 그는 자신이 본 것을 진실이라 굳게 믿었고, 언론사들은 이에 대한 확인 취재 없이 그대로 보도했으며, 버스 기사는 악당으로 낙인찍혔다. 결국 버스 기사는 마녀사냥을 하는 여론으로 인해 극단적 선택을 하고 싶은 충동을 느낄 만큼 불안과 두려움에 시달려야 했다.

100% 진실만 담은 사실 보도가 가장 좋은 뉴스이겠지만, 제보자와 취재기자의 한계나 정보의 오류 또는 의도적 편집에 따라 진실과 다르게 작성되기도 한다는 것을 알아야 한다. 그래야 뉴스가 전하는 내용을 그대로 믿고 전파하기보다 비판적으로 해석할 수 있다.

저널리즘 원칙 가운데 눈여겨볼 다른 한 가지는 언론의 독립성이다. 이것은 언론이 외부 권력의 간섭을 받지 않고 주체적으로 보도해야 한다는 뜻이다. 언론사는 국가의 권력기관이 아니며 사기업의 형태를 띠고 있다. 하지만 미디어의 힘을 아는 권력기관은 미디어를 얻으려 하고, 언론사도 권력과 유착 관계를 맺기도 한다.

히틀러는 라디오를 활용하여 세계대전을 일으키기 위한 명분을 얻어냈고, 루스벨트 대통령 또한 라디오 연설을 통해 전쟁을 옹호하는 강성 정책을 용인받은 것으로 잘 알려져 있다.

4. 미디어, 학습자 스스로 판단하게 하자

미디어 리터러시를 가르치는 이유는 앞에서 언급했듯이 미디어를 올바로 분석하고 제대로 이용하는 능력이 필요하기 때문이다. 1인 방송 시대를 맞이해 수많은 채널이 각기 다른 관점에서 정보를 쏟아내고 있다. 따라서 미디어가 말하고 보여주는 대로 믿기보다는 비교하고 판단하도록 학생들을 지도해야 한다.

자신의 입맛에 맞는 미디어를 이용하여 "내가 말하는 것이 옳으니 당신들은 그대로 믿고 따라와야 한다"라는 식으로 강변하는 지도자를 종종 만난다. 그러고는 "내가 옳은 말을 하는데 왜 당신들은 믿지 않나?"라며 반문하기도 한다.

교사도 마찬가지다. 그들이 가르치는 학생들은 어려서부터 가정과 사회로부터 보고 배운 것을 바탕으로 나름의 가치관이 형성되어 있다고 보아야 한다. 하지만 어떤 교사는 학생들이 정보를 보는 눈을 아직 갖추지 못했다는 생각으로 그들의 가치관을 무시하기도 한다. 그러다 보니 미디어 교육 자체가 문제가 되기도 한다.

미디어 교육은 비판적 사고를 바탕으로 한다. 그러기 위해서는 정보를 주입하는 형태가 아니라 주어진 정보를 스스로 비교하고 판단할 수 있도록 지도해야 한다. 갈등에 관한 주제라면 양쪽 갈등 당사자의 입장에서 보도하는 뉴스를 같은 비중으로 제공해야 한다. 또는 학습자가 양쪽 갈등 당사자의 입장을 대변한 뉴스를 직접 찾아서 조사한 후 자신의 생각을 스스로 정리하고 친구들과 공유함으로써 다양한 각도로 생각을 확장하도록 이끌어줘야 한다.

이러한 교육이 되기 위해서는 비판적 사고를 위한 전략을 바탕으로 핵심 질문을 하고, 토의나 토론을 통해 학습자 간의 소통이 이루어지고 정리할 수 있어야 한다. 지도자는 학생들의 토의와 토론 과정을 살펴보고 생각하지 못한 다른 관점은 없는지, 더 깊이 생각해봐야 할 것은 무엇인지 등에 대한 피드백을 해주어야 한다. 이를 통해 학습자는 더욱 넓은 시각으로 비판적 사고를 할 수 있다.

5. 미디어, 게임화로 수업을 설계하자

지도자가 훌륭한 수업을 기획했다 하더라도 학습자가 제대로 참여하지 않으면 의미가 없다. 자유학기제 수업의 경우 제과제빵, 토털공예 등 많은 과정이 체험형 프로그램으로 진행되는 반면, 미디어 리터러시는 읽고 이해하고 결과물을 생산하는 과정으로 진행되는 것이 일반적이다. 그러다 보니 가위바위보에 져서 어쩔 수 없이 오는 학생들이 대부분이며, 벌점이 많아서 오는 경우도 있다. 따라서 의욕이 저조한 중학생을 대상으로 그들이 잠들지 않도록 수업하는 것이 임무가 되었다. 교육의 효과도 높이고 학습의 재미도 느끼게 할 새로운 교육법을 고민하는 과정에서 떠오른 것이 보드게임을 활용한 수업이다.

처음에는 단순히 보드게임을 접목하는 수준이었으나 현재는 수업 전체를 게임화 형태로 운영하고 있다. 게이미피케이션gamification은 '게임game'이라는 명사에 '-화하기 _{fication}'라는 접사를 붙여서 만든 신조어로 보통 '게임화'로 번역한다. 게이미피케이션은 연구자마다 조금씩 차이는 있지만, 대체로 게임의 요소인 도전 과제, 경쟁, 점수, 보상 등을 게임이 아닌 다른 분야에 적용하여 참여자가 게임처럼 재미있게 즐기도록 하는 기법을 말한다. 게임이 아닌 것에 게임식 사고와 기법을 활용하여 참여자의 몰입을 유도하고, 동기를 부여하며, 문제 해결을 촉진하여 목적을 달성한다. 이러한 기법을 교육에 응용하면 교육 게이미피케이션이 된다.

이와 유사한 용어로 게임기반학습_{game-based learning}이 있다. 그러나 게이미피케이션과 게임기반학습에는 차이가 있다. 게임기반학습은 게임이 기능이나 지식을 습득하는 데 활용되는 반면, 게이미피케이션은 과제에 도전하고, 과제 수행 후 보상을 제공하거나 성취 수준을 나타내는 등의 게임 요소를 활용하여 학습자의 활동을 촉진함으로써 학습 경험을 교육적 경험으로 변형하는 것이다. 게이미피케이션은 학습자 스스로 주체가 되어 참여하고, 친구들과 소통하며 진행한다는 점에서 의미 있는 수업 형태이다.

미디어 수업을 게임화하면 신문을 읽지 않는 아이들이 신문을 읽게 되고, 졸거나 잠을 자는 아이들이 줄어드는 효과를 볼 수 있다. 교육에 게임의 플레이 기술을 빌려왔을 뿐인데 학습을 촉진하고 문제를 해결하는 효과를 거두는 것이다. 수업을 요청하는 선생님들의 공통된 주문 한 가지는 "아이들이 잠자지 않도록 해주세요"다. 그런 점에서 성공적인 교수법이라고 할 수 있다.

그렇다면 게임화로 학습이 가능할까? 수업에서 게임을 한다고 이야기하면 아이들은 환호성을 지르는 반면, 선생님이나 학부모들은 좋아하지 않는다. 게임화가 '학습의 격'을 떨어뜨린다고 생각하거나, 게임화로 인해 '게임에 빠질 것'을 우려하기 때문이다. 그러나 실제로 게임화가 이루어지는 교실로 들어가 보면 주제 발표, 토론, 협업 등 진지한 학습 방법이 함께 진행되는 것을 확인할 수 있다. 제대로 설계된 게임화를 통해 집중력과 학습 효과를 높일 수 있는 것이다. 배움도 있고, 재미도 있으며, 학습자 스스로 참여하여, 오래 기억에 남을 수 있는 수업을 설계해야 한다. 학습자의 몰입을 유도하는 스토리텔링과 게임화는 문제 해결은 물론 학습의 효과를 극대화할 수 있다.

특히 여러 사람이 어울려 플레이하는 보드게임은 소통하며 진행되는 아날로그 방식의 대표적인 오프라인 게임으로 다음과 같은 특징이 있다.

첫째, 게임에는 일정한 규칙이 있다. 이 규칙은 게임의 목적에 따라 다양하게 나타난다. 오른쪽, 왼쪽으로 돌아가는 플레이 방식부터 종료 조건과 승리 조건 등은 모두 미리 정해진 규칙을 따른다. 이 규칙들은 플레이어에 따라 융통성을 가지기도 한다. 이때 플레이어는 자신의 규칙을 공유하고 플레이 결과가 자신에게 유리하도록 규칙 선정부터 경쟁하기도 한다. 게임에서 소통의 역할이 필요한 순간이다.

둘째, 게임의 목적은 목표 달성에 있다. 게임에서 이기기 위해 플레이어는 끝까지 종주하거나, 더 많은 돈을 모으고, 손에 들고 있는 카드를 모두 없애는 등의 목표를 달성하고자 노력한다.

셋째, 게임 인원, 시간, 공간의 제약이 있다. 물론 요즘은 온라인 형태로도 출시되기 시작했지만, 대부분의 보드게임은 오프라인 방식으로 진행된다. 모바일 게임은 스마트폰 하나만 있으면 어디에서나 가능한 반면, 보드게임은 플레이어의 인원수를 제한하기도 하고, 다양한 도구를 펼쳐놓아야 하므로 공간의 제약도 따르며, 시간이 많이 소요된다는 문제점도 있다. 이러한 게임을 교육에 활용하기 위해서는 다음 몇 가지를 함께 고민해야 한다.

우리의 목적은 게임을 위한 게임이 아니다. 교육을 더욱 재미있게 만들고, 학습자 스스로 움직일 수 있도록 하기 위해 보드게임을 접목한 것이다. 따라서 재미만 남기고 교육이 사라진 형태의 수업을 하면 안 된다. 보드게임을 접목하여 게임화 수업을 하는 목적을 잊지 말아야 할 것이다.

여기에서는 게이미피케이션의 방식으로 수업을 전개하거나, 수업 과정에서 보드게임을 활용하는 방법을 소개하고자 한다.

6. 온라인에서도 미디어 리터러시 게임 수업이 가능할까?

그렇다면 온라인 수업에서는 이와 같은 게임화 수업이 불가능한 것일까? 답부터 말하면 가능하다.

학생들이 온라인 수업을 들으면서 게임을 하고 웹툰을 보는 이유는 게임이나 웹툰이 수업보다 재미있기 때문이다. 게임화 수업을 생각한 것도 이러한 이유에서였다. 그렇다면 오프라인 도구로 제작된 게임 교구를 어떻게 온라인 속으로 집어넣을 수 있을까?

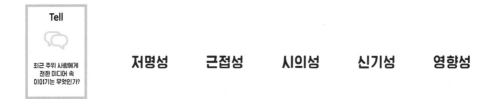

우선 카드를 수업의 보조도구로 활용해 보자. 수업 영상이나 쌍방향 라이브 수업에서 카드를 손에 들고 학생들에게 제시해 보자. 선생님이 말로만 설명하거나 파워포인트만 보여주는 수업보다 현실감과 생동감이 느껴질 것이다.

다음은 교사 혼자 플레이하는 방법이다. 혼자 플레이하는 것이 익숙하지 않을 수 있다. 게임을 한다기보다 학습 상황을 게임을 통해 보여주는 것이다. 이때 학습자에게 자신의 선택과 교사의 선택에 텔레파시가 통했는지 살펴보라고 제시하면 몰입도를 더

Ear

미디어를 통해
들은 것 중
기억나는 것은?

높일 수 있다.

혼자 플레이하는 것이 재미없게 느껴졌다면 동료 교사나 지인과 함께 플레이하자. 이때 오랜 시간 플레이하기보다 수업에서 학생들에게 전하고 싶은 내용을 중심으로 간단하게 플레이하는 모습을 영상에 담아보자.

이렇게 수업하다 보면 온라인에서 안전하게 게임을 하며 수업할 수 있는 디지털 프로그램이 절실해진다.

여기에서 디지털 미디어와 디지털 게임에 관해 잠깐 살펴보자. 스마트폰의 등장 이후로 학부모는 싫어하고 학생들은 좋아하는 디지털 미디어에 대한 관심과 영향력은 더욱 커졌다. 이제 모든 정보를 내 손 안에서 주고받을 수 있게 되었으며, 정보 소비자가 생산자를 병행하게 되었다. 이러한 생비자를 우리는 디지털 원주민이라 정의한다. 태어날 때부터 부모의 스마트폰으로 사진이 찍혀 저장되고, 따로 배우지 않고도 스마트폰의 사진을 두 손가락으로 확대할 수 있는 세대다. 이들은 디지털 미디어 기기로 소설을 읽는 것을 어려워하지 않으며, 심지어 채팅을 통해 이야기를 이어가는 채팅형 소설을 읽고 즐기기도 한다.

하지만 이러한 환경에 익숙하지 않은 부모 세대의 눈에는 이들이 하루 종일 스마트폰만 들고 게임만 하는 것처럼 보인다. 실제 하루 24시간 가운데 잠을 자는 시간을 빼면 손에서 스마트폰을 놓지 않는다는 학생들도 다수 있었다. 디지털 미디어는 부모와 자녀를 잇는 소통의 도구가 아니라 갈등을 야기하는 불통의 도구가 되어가고 있는 것이다.

학생들에게 디지털 미디어를 포괄하는 미디어를 제대로 리터러시할 수 있는 능력을 키워줄 필요가 있다. 지금부터 본격적으로 미디어 리터러시를 게임으로 즐겨보자.

2장

미디어 리터러시 보드게임

미디어를 즐겁게 배우는 기회

━━━▶

　자유학기제 수업 중에서 가장 재미없거나 가장 인기 없는 수업을 꼽으라면 단연 미디어 리터러시다. 그중에서도 신문을 바탕으로 하는 뉴스 리터러시는 가위바위보에 져서 어쩔 수 없이 들어온 학생들이 대부분이다. 이런 학생들을 대상으로 수업하려면 늘 재미있게 할 수 있는 방법을 고민해야 한다. 그래서 도입한 것이 게임이고 처음에는 어쩔 수 없이 들어오지만 재미있게 수업을 하고 간다.

　"선생님! 저도 이 반에서 수업하면 안 돼요?"

　옆 반 학생이 수업 중간에 창문으로 보다가 묻는다. 옆 반은 가위바위보를 해서 이겨야 선택할 수 있는 보드게임 수업이다. 시중에 파는 보드게임을 이용하여 토너먼트 형태로 2교시 연강을 진행한다. 그래서 1교시가 지나고 2교시 초반이 되면, 중간 탈락된 친구들은 할 것도 없고 흥미도 떨어져서 다른 반을 기웃거린다. 그런데 재미없을 것 같았던 미디어 리터러시 수업에서 아이들이 시끌벅적 대화도 나누고, 회의를 하는 건지 노는 건지 싸우는 것인지 도통 알기 어려운 흥겨움 속에서 보드게임을 만들고, 하하호호 웃고 떠들며 플레이를 한다. 그러니 창문턱으로 고개를 들이민 학생의 눈에도 뭔가 재미있을 것처럼 보인다.

　"어쩌지? 이미 인원 모집이 끝났는데? 다음 분기에 만나자."

　가위바위보에 져서 왔지만 어느 반보다 재미있다는 듯 의기양양하게 말하고, 다음 분기에 우리 반으로 친구들을 데리고 올 학생 한 명을 포섭한다. 지금부터 미디어 리터러시, 그중에서 뉴스 리터러시를 가지고 신나게 게임을 해보자.

미디어 생비자 Q&A 게임

다양한 미디어를 알고, 자신이 미디어를 어떻게 사용하고 있는지 안다.

- **지식정보 처리 역량**

  다양한 미디어를 이해하고, 생산자와 소비자의 입장이 다르다는 것을 안다.

- **심미적 감성 역량**

  미디어에 대해 공감하고, 감수성을 바탕으로 가치를 향유한다.

- **의사소통 역량**

  카드의 질문을 상대가 이해할 수 있도록 효과적으로 표현한다.

준비물 (활동 자료는 58쪽 참조)

미디어 생비자 Q&A 카드 24장

도입	**모둠 짓기** 4~5명을 한 모둠으로 구성한다.
진행1	미디어에 대한 내용으로 사전 수업을 진행한다. 인쇄 미디어, 소리 미디어, 영상 미디어, 디지털 미디어, 휴먼 미디어 등 다양한 미디어를 분류하고, 그 안에 라디오, 텔레비전, 책 등이 포함되어 있음을 학습한다. 미디어의 이해를 학습하기 위한 자료나 미디어 리터러시에 대한 정보는 한국언론진흥재단 사이트 중 포미(www.forme.or.kr)에서 영상 또는 매뉴얼 등의 다양한 자료를 찾을 수 있다.
진행2	게임의 최종 목표는 자신이 사용하고 있는 미디어의 종류와 그 미디어를 어떻게 얼마나 사용하고 있는지 생각해 보는 것이다. 그러므로 카드의 질문에 충실하게 답하는 것이 중요하다. **Need** 나를 위해 필요한 미디어는 무엇일까? 게임을 빨리 끝내기 위해 '필요한 것이 없어'라고 대답한다면 질문에 충실히 답한 것이 아니므로 카드를 가져갈 수 없다. 이전에 생각해 본 적이 없다면 지금 이 순간 고민해 봐야 한다. 질문에 대한 답을 말할 때는 그렇게 생각한 이유도 함께 말해야 한다. 순기능에 대해 '재미있다'라고 말했다면, 무엇이 왜 재미있는지를 설명할 수 있어야 한다.
마무리	각 모둠의 친구들이 발표했던 이야기들 가운데 다른 친구들에게도 들려주면 좋은 한두 가지를 선정하여 발표한다. 이 수업에서 중요한 것은 자신이 미디어를 얼마나 현명하게 사용하고 있는지를 생각해 보는 것이다. 게임을 통해 느꼈던 것을 글로 정리하면 효과를 두 배로 거둘 수 있다.

1. 게임의 규칙 적용하기

학습자를 대상으로 게임을 진행할 때 주의할 것들이 많다. 일단 게임에서 가장 많이 발생하는 것은 다툼 현상이다. 더 많은 점수를 획득하기 위해 정직하지 않게 게임에 임하거나, 욕심을 과하게 드러내기도 하고, 과몰입으로 욕설 등을 내뱉으며 평상시의 자신을 잃어가는 몰개인화 현상도 발생한다. 이를 완벽하게 없앨 수는 없지만 학습자에게 게임은 게임일 뿐이며 학습의 도구라는 것을 인지시킴으로써 다툼 현상을 최소화하려는 노력을 기울여야 한다.

2. 액션 활동에 어려움이 있다면

액션도 수업의 일종이다. 평소에 하고 싶은 것과 하고 싶지 않은 것을 가리는 학생들도 이 시간에는 다양한 것을 경험해 본다. 액션을 힘들어하는 학생들이 많다면 찬스 카드가 도움이 된다. 찬스 카드가 없다면 카드를 교환할 수 있다는 규칙을 넣어보자.

A가 '액션을 대신하도록 요청하기' 카드를 가지고 있다면, B는 나의 점수 카드 한 장을 A와 교환할 수 있다. 물론 A가 수락해야 한다. 그러나 자신의 찬스 카드를 점수 카드 2장 또는 3장과 바꾸겠다고 가치를 높이는 것은 금물이다.

3. 게임을 원활하게 진행하기 위해

미디어를 이해하는 사전 학습에서 카드에 적힌 질문을 해보는 것도 좋다. 학습자는 수업에서 잠깐 자신의 생각을 말하거나 타인의 발표를 듣고 정보를 저장한다.

미디어를 이해하는 수업에서 '미디어에 실을 정보를 선정할 때는 객관, 흥미, 유명, 신

Value

미디어 정보를 선정할 때 객관, 흥미, 유명, 영향등 무엇을 우선할까?

기, 영향, 시의, 갈등 등 다양한 가치를 중심으로 선택한다. 각각의 가치들은 ○○한 측면에서 의미가 있다'고 간략하게 설명한다. 카드에서 말하는 것이 무엇인지에 대한 이해를 바탕으로 익히면 게임을 더 원활하게 진행할 수 있다. 이럴 때 플레이하는 게임은 복습의 형태라고 보면 된다.

미디어 생비자 Q&A 게임

1. 다음 빈칸에 미디어라고 생각되는 것을 하나씩 써봅시다.

2. 이러한 미디어를 하루에 얼마나, 어떻게 사용하고 있습니까?

3. 미디어 생산자와 소비자의 차이를 써봅시다.

○ 게임 후 미디어와 관련하여 새로 알게 된 것이나 생각의 변화 등을 글로 정리해 봅시다.

 **자기-동료-교사 평가**

1. 자기 평가에는 다음과 같은 내용을 떠올려 기록합니다.

• 게임 과정에서 잘한 것	• 게임 과정에서 좋았던 것	• 내 재능을 새롭게 발견한 것
• 내용에 대해 새롭게 발견한 것	• 감동 / 재미있었던 것	• 미래에 갖고 싶은 직업
• 더 알고 싶은 것(호기심)	• 친구에게 잘 설명한 것	• 어려움을 극복한 것(갈등 사례)

예) 나는 게임 과정에서 다른 사람의 심리를 잘 파악했다.

2. 동료 평가에는 다음과 같은 내용을 잘 관찰하여 기록합니다.

• 친구가 잘했다고 생각한 것	• 좋았다고 생각한 것	• 감동하고 만족한 것
• 평소와 다른 행동을 발견한 것	• 질문한 것	• 어려움을 극복한 것
• 협의하고 타협점을 찾은 것	• 어울릴 것 같은 직업	• 상대방에 대한 경청과 배려

3. 교사 평가는 교사가 게임 과정에서 발견한 내용을 기록합니다.

* 게임 과정에서 교사가 구체적인 역량 요소를 관찰하여 발견한 경우
* 게임 과정에서 학생이 교사에게 의미 있는 질문을 한 것
* 교사가 정의적인 부분에서 칭찬할 만한 경우

게임 활동 평가

자기 평가	동료 평가	교사 평가

 평가 루브릭

가. 성취 역량 및 성취 기준

성취 역량	지식정보 처리 역량 : 소통의 도구로서 미디어는 생산자와 소비자의 입장이 다를 수 있음을 이해함.
	심미적 감성 역량 : 질문과 다른 플레이어의 내용에 공감하고 가치를 향유할 수 있음.
	의사소통 역량 : 게임 과정에서 전달하고자 하는 것을 상대에 따라 말할 수 있음.
성취 기준	뉴스를 선택하는 기준이 되는 가치가 무엇인지 알고, 중요도를 판단해서 지수화할 수 있도록 탐구한다.

나. 수업에 대한 루브릭

평가 요소	채점 기준		
미디어의 정의 이해	미디어가 소통의 도구임을 이해하고, 생산자와 소비자의 소통 방식이 다름을 설명했다.	미디어가 소통의 도구임을 이해하고, 생산자와 소비자로 나눌 수 있음을 설명했다.	미디어가 소통의 도구이며 생산자와 소비자의 다른 방식을 파악하지 못했다.
	4	2	0
미디어에 담긴 메시지 이해	미디어에 담긴 메시지에 공감하고, 소비자로서 향유하는 방법을 제시했다.	미디어 속에 담긴 메시지에 공감하고 설명했다.	미디어 속에 담긴 메시지를 제대로 파악하지 못했다.
	4	2	0
미디어 소비자로서 자세	미디어 소비자로서 자신이 소비한 미디어를 잘 알고 그것을 소비하는 방법에 대해 구체적으로 제시했다.	미디어 소비자로서 자신이 소비한 미디어를 설명했다.	미디어 소비자로서 자신이 소비한 미디어를 제대로 파악하지 못했다.
	7	4	1

뉴스 가치 지수 게임

학습 목표

뉴스를 선택하는 기준이 되는 가치가 무엇인지 알고, 게임을 통해 가치의 경중을 판단한다.

• **지식정보 처리 역량**

  뉴스를 선택하는 과정에서 필요한 가치의 의미를 알 수 있다.

• **심미적 감성 역량**

  자신이 생각하는 근거를 바탕으로 뉴스의 가치를 지수화할 수 있다.

• **의사소통 역량**

  자신의 지수를 발표하는 과정에서 상대가 이해할 수 있도록 설명할 수 있다.

준비물(활동자료는 67쪽 참조)

뉴스 가치 지수 카드 36장, 숫자칩 25개

도입	모둠 짓기 4~5명을 한 모둠으로 구성한다.
진행1	미디어 리터러시나 뉴스 리터러시, 게이트키핑에 대한 수업을 진행한다. 게이트키핑gatekeeping이란 뉴스가 유통되는 관문에서 걸러내는 일을 말한다. 세상에 일어나는 수많은 사건 사고 가운데 어떤 것은 뉴스가 되고 다른 것은 버려진다. 게임을 시작하기 전 한 모둠에 한 세트의 용어 카드를 나눠 준다. 용어 카드 뒷면에는 그 용어에 대한 해설이 담겨 있다. 모둠의 친구들과 함께 게임에 필요한 용어를 익히는 것으로 학습을 정리한다.
진행2	게임의 최종 목표는 뉴스를 선택하는 기준이 되는 가치가 무엇인지 알고, 그 가치의 경중에 대해 스스로 생각하는 시간을 갖는 것이다. 그러므로 순서를 맞추는 게임에서 출제자는 그렇게 선택한 이유를 밝혀야 한다. 이때 나머지 플레이어는 1순위로 그 카드를 선택한 이유를 이야기하면 된다. 게임에 필요한 교구는 보기 좋게 잘라서 사용한다. 이때 크기에 맞는 OPP 봉투에 끼우면 오래 사용할 수 있고, 가치가 바뀌거나 추가될 경우 낱말을 프린트해서 계속 사용할 수 있다. 이 게임에서는 뉴스를 선택하는 기준이 되는 가치의 순위를 정하는 활동만으로도 의미가 있다. 그러나 다른 사람은 왜 그러한 기준을 1순위로 선택했는지 이야기를 들어보는 후속 활동을 통해 서로의 생각이 다를 수 있음을 경험하는 것이 중요하다. 각 모둠의 게임이 끝나면 모둠이 하나가 되어 가장 가치 있다고 생각되는 5개를 정한다.
마무리	각 모둠이 선정한 가치 5개를 발표한다. 지도자는 가장 많이 거론되는 가치가 시의성, 영향성, 저명성, 갈등성, 신기성, 근접성이라는 것을 알려주고 수업을 마무리한다.

학습 도움말

1. 게임의 난이도 조절하기

학습자의 연령에 따라 게임의 난이도를 조절할 수 있다. 가령 초등학교 중학년(3~4학년)이라면 뉴스 가치 가운데 시의성, 영향성, 저명성, 갈등성, 신기성, 근접성으로 게임을 진행할 수 있다. 게임은 출제자의 입장에서 순위를 고민해 보는 것이기 때문에 출제자에 따라 결과가 다르게 나타날 수 있다. 또한 난이도를 높이기 위해 더미를 만들지 않고 카드를 바닥에 펼쳐놓고 5개의 가치를 선택한다. 그러면 5개를 고르는 과정에서 많은 가치를 한 번에 훑어보는 효과가 있다.

2. 학생들이 용어에 어려움을 겪는다면

본게임으로 들어가기 전에 가치 카드에 기록된 내용을 앞뒤로 살펴보며 학습하는 과정을 거치면 된다. 이때 설명글이 보이도록 카드 더미를 쌓고, 맨 위에 보이는 카드의 설명에 해당하는 용어를 말하는 사람이 카드를 가져가는 게임을 해도 좋다. 물론 카드를 반대로 쌓고 게임을 해도 된다.

3. 게임 중에 발생하는 오류에 대해

사전에 학습을 했다 하더라도 가치 카드가 보여주는 용어를 잘못 이해하고 순위를 정하는 친구들도 있다. 이때 용어의 뜻이 정확하지 않다면 '카드 뒤집기', '친구 찬스' 등 몇 가지 규칙을 첨가하여 게임을 진행해 보자. '카드 뒤집기'는 카드 뒷면에 적힌 가치 용어의 뜻을 직접 읽고 이해함으로써 용어를 암기하는 효과를 거둘 수 있다. '친구 찬스'는 플레이어가 친구를 지목하면 그 친구가 카드를 보지 않고 가치 용어를 설명하는 것이다.

4. 학생들이 카드를 제작

이외에도 브레인스토밍이나 생각그물을 통해 뉴스, 즉 저널리즘이 갖추어야 할 가치에 대해 생각해 보고 관련된 단어를 추가할 수 있다. 현재 제공된 단어가 모두 좋은 가치만을 담은 것은 아니므로 빼거나 다른 것을 넣어도 좋다.

5. 학습 효과를 극대화하려면

현재 제시된 수업 모형은 교육을 먼저 진행한 후 게임을 하고 마무리하는 것이다. 반대로 게임을 통해 가치에 관심을 가진 후 게임에서 나온 가치와 관련된 기사를 탐색하거나 관련 사례를 나누는 방식으로 진행해도 좋다.

뉴스 가치 지수 게임

1. 뉴스를 선별하는 기준이 되는 가치가 필요한 이유는 무엇인지 써봅시다.

2. 내가 선택한 가치 5개를 나열해 봅시다.

3. 게임을 통해 뉴스를 선별하는 기준이 되는 가치 중에서 가장 필요하다고 생각하는 5개를 나열해 봅시다.

○ 뉴스 가치와 관련하여 자신의 생각을 정리해 봅시다.

 자기-동료-교사 평가

1. 자기 평가에는 다음과 같은 내용을 떠올려 기록합니다.

• 게임 과정에서 잘했던 것	• 게임 과정에서 좋았던 것	• 내 재능을 새롭게 발견한 것
• 내용에 대해 새롭게 발견한 것	• 감동하고 재미있었던 것	• 미래에 갖고 싶은 직업
• 더 알고 싶은 것(호기심)	• 친구에게 잘 설명한 것	• 어려움을 극복한 것(갈등 사례)

예) 나는 게임 과정에서 다른 사람의 심리를 잘 파악했다.

2. 동료 평가에는 다음과 같은 내용을 잘 관찰하여 기록합니다.

• 친구가 잘했다고 생각한 것	• 좋았다고 생각한 것	• 감동하고 만족한 것
• 평소와 다른 행동을 발견한 것	• 질문한 것	• 어려움을 극복한 것
• 협의하고 타협점을 찾은 것	• 미래에 잘할 것이라고 생각되는 직업	• 상대방에 대한 경청과 배려

3. 교사 평가는 교사가 게임 과정에서 발견한 내용을 기록합니다.

- • 게임 과정에서 교사가 구체적인 역량 요소를 관찰하여 발견한 경우
- • 게임 과정에서 학생이 교사에게 의미 있는 질문을 한 것
- • 교사가 정의적인 부분에서 칭찬할 만한 경우

게임 활동 평가

자기 평가	동료 평가	교사 평가

 평가 루브릭

가. 성취 역량 및 성취 기준

성취 역량	지식정보 처리 역량 : 가치 카드에 적힌 용어가 표현한 뉴스의 의미를 이해할 수 있음.
	창의적 사고 역량 : 주어진 정보를 근거로 지수화할 수 있음.
	의사소통 역량 : 게임 과정에서 전달하고자 하는 것을 정확히 말할 수 있음.
성취 기준	뉴스를 선택하는 기준이 되는 가치가 무엇인지 알고, 중요도를 판단해서 지수화할 수 있도록 탐구한다.

나. 수업에 대한 루브릭

평가 요소	채점 기준		
뉴스 가치의 이해	뉴스를 선택하는 데도 기준이 필요함을 알고, 기준이 되는 가치를 정확히 제시했다.	뉴스를 선택하는 데도 기준이 필요함을 알고, 기준이 되는 가치를 제시했다.	뉴스를 선택하는 기준이 되는 가치를 제대로 제시하지 못했다.
	4	2	0
가치에 담긴 사건 이해	가치마다 담고 있는 사건의 형태를 정확히 이해하고 제시했다.	가치마다 담고 있는 사건의 형태를 대체로 이해하고 제시했다.	가치마다 담고 있는 사건의 형태를 제대로 파악하지 못했다.
	4	2	0
뉴스 소비자의 자세	뉴스 소비자로서 가치 있는 뉴스를 선택해서 읽어야 하는 이유를 알고, 그 방법을 구체적으로 제시했다.	뉴스 소비자로서 가치 있는 뉴스를 선택해서 읽어야 하는 이유를 알고, 그 방법을 제시했다.	뉴스 소비자로서 뉴스를 선택해서 읽어야 하는 이유를 제대로 제시하지 못했다.
	7	4	1

다. 생활기록부 작성 예시

- '뉴스 가치 지수 게임' 활동에서 특정 가치를 기준으로 뉴스를 선별해야 한다는 것을 이해하고, 뉴스 소비자로서 가치 있는 뉴스를 선택해야 한다는 것을 논리적 근거를 들어 발표했음.
- '뉴스 가치 지수 게임' 활동에서 뉴스를 선택하는 기준이 되는 가치가 필요한 이유를 이해하고, 의사소통 및 협업 능력을 발휘하여 가치의 경중이 있음을 설명하기 위해 노력했음.
- '뉴스 가치 지수 게임' 활동에서 뉴스 가치마다 담고 있는 다양한 사건의 형태를 이해하고, 특정 뉴스가 어떤 가치를 기준으로 구성되는지를 이해했음.

우리가 만드는 뉴스 게임

학습 목표

뉴스가 만들어지는 과정을 이해하고, 뉴스가 생성되는 단계에서 발생하는 다양한 상황을 담은 카드를 통해 올바른 저널리즘을 판별할 수 있다.

- **지식정보 처리 역량**

  뉴스를 만드는 과정을 통해 저널리즘의 의미를 알 수 있다.

- **심미적 감성 역량**

  게임 과정에서 합리적 선택을 위한 생각을 설명할 수 있다.

- **의사소통 역량**

  함께 만들어가는 뉴스 게임을 통해 공동의 문제를 해결할 수 있다.

준비물(활동 자료는 83쪽 참조)

뉴스 용어 짝 찾기 카드 36장, 보드판, 역할 카드 6장, 숫자칩 120개, 뉴스 리터러시 카드 54장, 주사위, 말,

도입	**모둠 짓기** 4~5명을 한 모둠으로 구성한다.

함께 실리는 '뉴스 용어 짝 찾기' 수업을 통해 저널리즘을 설명한다.

진행1

종이를 잘라 카드를 만들고, 카드의 내용과 색을 보며 짝끼리 바닥에 모은다.
지도자는 저널리즘을 하나씩 설명하되 학습이 아니라 게임을 위해 살펴보는 과정으로 이야기한다. 살피기가 끝나면 이 카드를 이용하여 게임한다.

게임 방법
36장의 카드를 나눠(4인이 플레이하는 경우 8장, 5인 6장, 6인 5장) 가지고, 나머지는 바닥에 더미를 쌓는다.
선플레이어는 자신의 손에 든 카드 가운데 내려놓고 싶은 카드 한 장을 골라 자신만 보이도록 잡고 내용을 읽는다. 나머지 플레이어는 자신의 카드 가운데 짝이 되는 카드가 있는지 확인한다.
선플레이어가 하나 둘 셋을 세면 문제에 대한 짝 카드를 가진 플레이어는 카드를 동시에 내려놓는다.
이때 색깔이 맞으면 카드를 더미 밑으로 넣는다.
색깔이 틀리다면 문제 출제자인 선플레이어는 카드를 옆으로 빼고, 틀린 플레이어는 더미에서 카드를 하나씩 가져간다.
이렇게 진행하여 카드를 모두 내려놓는 사람이 이긴다.

	모둠에서 특파원을 한 명씩 선출한다. 특파원의 임무는 다른 언론사에 파견 근무하면서 우리 언론사를 위해 일하는 것이다. 게임에서는 다른 언론사가 부정한 방법으로 저널리즘을 발행하지 못하도록 감시하는 역할이다. 특파원은 옆 모둠으로 이동하여 자리 잡는다.
진행2	특파원 : 특별한 임무를 위하여 파견된 사람을 말함. 흔히 신문사나 통신사로부터 해외에 파견되어 뉴스 취재 활동을 하거나 보도를 하는 사람을 일컬음. 이들은 외국에서 상주하며 취재하는데, 원고가 자신의 이름을 달고 지면을 장식하게 되므로 기자 중에서도 부러움의 대상이 됨
	게임 중에 뽑는 카드의 내용을 제대로 읽은 후에 뉴스 받기 또는 뉴스 삭제를 수행한다. 간혹 빨리 진행하기 위해 내용 확인 없이 뉴스만 주고받기도 하는데, 저널리즘에 대해 생각해 보고자 하는 목표를 수행할 수 없으므로 교육적 효과를 거두기 어렵다. 그러므로 특파원을 통해 잘 감시해야 한다.
	게임을 통해 알게 된 저널리즘의 원칙을 정리해 본다.
마무리	이 수업에서 중요한 것은 뉴스를 분류해 보는 것이다. 뉴스 내용에 따라, 뉴스가 전달되는 미디어에 따라, 그리고 뉴스를 만드는 생산자에 따라 뉴스에 대한 신뢰도가 달라질 수 있음을 이해한다. 저널리즘의 원칙을 점검하고 마무리하면 더욱 효과적이다.

1. 사전 게임 '뉴스 용어 짝 찾기'에 대해

저널리즘을 바탕으로 뉴스와 관련된 용어를 익히는 것이다. 다른 자료를 활용하여 저널리즘을 체계적으로 설명할 수도 있지만 학습자의 주의를 끌기 쉽지 않으므로 게임의 방식을 빌려온다.

학습자는 각각의 카드가 짝이 되도록 맞춘 후 바닥에 잘 보이도록 내려놓는다. 모든 카드의 짝을 찾고 나면, 지도자는 파랑색 글자를 읽고, 학습자가 검정색 글자를 확인하는 단계를 거친다. 색깔이 있기 때문에 어렵지 않게 찾을 수 있다. 이후 지도자는 학습자에게 관련 내용을 부연 설명하는 것으로 저널리즘에 대한 학습을 진행한다. 이후 '뉴스 용어 짝 찾기' 게임을 실시한다.

2. 본게임을 제대로 진행하기 위한 특파원 제도

간혹 교과목 이외의 것은 필요 없다고 말하는 학생들이 있다. 이들은 수업은 대충 하는 척하고, 수학 문제집을 풀거나 영어 단어를 외우다가 게임이 끝날 즈음 담합하여 10면까지 발행했다고 손을 들기도 한다. 다른 팀은 이제 3면을 채우고 있는데 말이다. 그래서 도입한 규칙이 특파원이다. 하지만 아이들은 특파원에 대해 잘 모른다. 본래 모둠에서 특파원을 선정해 옆 모둠으로 보내며, 특파원의 임무에 대해 제대로 설명해 주어야 한다.

3. 본게임의 카드 내용을 읽도록 유도하기

학습자는 대체로 게임에 돌입하면 카드 내용은 제대로 읽지 않고 카드에 적힌 '뉴스

받기'나 '뉴스 삭제'와 같이 이익과 손실만 확인한다. 이런 경우 학습이 제대로 이루어 질 수 없다. 카드 내용을 반드시 모두 읽어야 한다. 이때 특파원에게 역할을 주면 된다. '이쪽 팀이 카드 내용을 읽지 않고 주사위를 빨리 굴릴 경우, 그 불이익은 너희 팀에게 돌아간다'는 것을 상기시킨다.

우리가 만드는 뉴스 게임

1. 뉴스 용어 가운데 기억나는 것을 나열해 봅시다.

2. '우리가 만드는 뉴스'의 카드를 통해 알게 된 것을 기록해 봅시다.

3. 저널리즘은 어떠해야 하는지에 대해 정리해 봅시다.

○ 저널리즘을 마주하는 우리는 어떠해야 하는지 자신의 생각을 써봅시다.

자기-동료-교사 평가

1. 자기 평가에는 다음과 같은 내용을 떠올려 기록합니다.

• 게임을 이해하려는 노력	• 게임에 참여하는 태도	• 게임 과정에서 좋았던 것
• 리더에 대한 생각의 정립	• 갈등을 풀어가는 과정	• 공동체 활동을 하는 태도
• 학습에서 새로 알게 된 것	• 친구에게 잘 설명한 것	• 수업을 통한 나의 변화

예) 나는 게임 과정에서 다른 사람의 마음을 잘 헤아렸다.

2. 동료 평가에는 다음과 같은 내용을 잘 관찰하여 기록합니다.

• 친구가 질문한 내용	• 평소와 다른 행동의 발견	• 감동하고 만족한 것
• 어려움을 극복한 과정	• 갈등을 조율한 과정	• 친구가 자랑스러웠던 것
• 친구가 잘한 것	• 수업을 통해 발견한 친구의 장점	• 상대방에 대한 경청과 배려

3. 교사 평가는 교사가 게임 과정에서 발견한 내용을 기록합니다.

- 게임 과정에서 교사가 구체적인 역량 요소를 관찰하여 발견한 경우
- 게임 과정에서 학생이 교사에게 의미 있는 질문을 한 것
- 교사가 정의적인 부분에서 칭찬할 만한 경우

게임 활동 평가

자기 평가	동료 평가	교사 평가

 평가 루브릭

가. 성취 역량 및 성취 기준

성취 역량	지식정보 처리 역량 : 뉴스를 만드는 과정을 통해 저널리즘의 의미를 이해할 수 있음.
	의사소통 역량 : 합리적인 선택을 위한 생각을 설명할 수 있음.
	공동체 역량 : 함께 만들어가는 활동을 통해 공동체의 문제를 알고 해결할 수 있음.
성취 기준	뉴스가 만들어지는 과정을 이해하고, 뉴스가 생성되는 단계에서 발생하는 다양한 상황을 담은 카드를 통해 저널리즘을 판별한다.

나. 수업에 대한 루브릭

평가 요소	채점 기준		
저널리즘의 이해	다양한 언론의 형태와 뉴스 용어를 통해 저널리즘의 원칙을 알고, 언론의 역할을 정확히 제시했다.	언론의 형태와 뉴스 용어를 통해 저널리즘의 원칙을 알고 언론의 역할을 이해했다.	저널리즘의 원칙에 따른 언론의 역할을 제대로 제시하지 못했다.
	4	2	0
뉴스 생성 과정의 이해	뉴스가 생성되는 과정을 정확히 이해하고 설명했다.	뉴스가 생성되는 과정을 이해하고 설명했다.	뉴스가 생성되는 과정을 제대로 설명하지 못했다.
	4	2	0
뉴스 소비자의 자세	뉴스 소비자로서 언론의 다양성을 이해하고, 다양한 언론에 대해 비판적 시각을 갖춰야 하는 이유를 구체적으로 설명했다.	뉴스 소비자로서 언론의 다양성을 이해하고, 다양한 언론에 대해 비판적 시각을 갖춰야 하는 이유를 설명했다.	뉴스 소비자로서 뉴스를 비판적으로 읽어야 하는 이유를 제대로 설명하지 못했다.
	7	4	1

다. 생활기록부 작성 예시

- '우리가 만드는 뉴스 게임' 활동에서 저널리즘의 원칙과 언론의 역할을 알고, 뉴스가 생성되는 과정에서 일어나는 문제를 사례로 들어서 비판적으로 설명하였음.
- '우리가 만드는 뉴스 게임' 활동에서 저널리즘의 원칙을 알고, 뉴스가 생성되는 과정에서 언론사마다 시각이 다를 수 있음을 설명하였음.
- '우리가 만드는 뉴스 게임' 활동에서 저널리즘의 원칙이 있음을 알고, 소비자로서 비판적으로 읽으려고 노력해야 하는 이유를 앎.

활동 자료

미디어 생비자 Q&A 게임 설명서

게임 준비(모둠별)

1. 세팅

4~5명을 한 모둠으로 구성한다.

2. 시작

1) 가위바위보로 선플레이어를 정하고, 선플레이어는 진행 방향을 정한다.

2) 선플레이어는 전체 카드를 잘 섞은 후 더미를 만든다.

게임 진행

3. 게임(4인 모둠으로 설명)

1) 선플레이어는 카드 더미에서 한 장을 뒤집고 모둠원에게 읽어준다.

2) 선플레이어부터 질문에 답하고, 진행 방향으로 돌아가며 모둠원이 답한다.

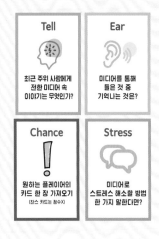

노란색 : 소비자 카드로 소비자의 입장에서 답하면 된다.

초록색 : 생산자 카드로 생산자의 입장에서 답하면 된다.

분홍색 : 게임의 재미를 위한 액션 카드로 해당 플레이어만 몸으로 움직인다.

빨간색 : 찬스 카드로 기록된 대로 사용하면 된다.

3) 선플레이어는 플레이어의 이야기를 듣고, 한 명을 선정하여 질문 카드를 준다. 이때 왜 그에게 카드를 주는지 설명한다. 단, 액션 카드는 본인이 몸으로 표현하고 본인이 가진다. 본인이 생략할 경우 다른 플레이어에게 기회가 주어진다.

4) 진행 방향에 따라 다음 플레이어가 카드를 뒤집고 모둠원에게 읽어준다.

5) 카드를 뒤집은 플레이어부터 질문에 답하고 모둠원이 돌아가며 답한다.

6) 이와 같은 방법으로 돌아가며 문제를 읽고 답한다.

7) 시간 제한을 하거나, 정해진 몇 바퀴를 돌거나, 더미에 카드가 없으면 게임을 끝낸다.

게임 결과

4. 승리 조건

카드를 가장 많이 모은 사람이 우승한다.

Ear

미디어를 통해 들은 것 중 기억나는 것은?

See

최근에 본 미디어는 무엇? 그 내용은?

Time

오늘 하루 미디어와 함께한 시간은?

Focus

내가 집중하는 미디어 기기는? 관심 주제는?

Praise

미디어의 순기능 (좋은 점) 한 가지만 말한다면?

Dysfunction

미디어의 역기능 (좋지 않은) 한 가지만 말한다면?

Tell

최근 주위 사람에게 전한 미디어 속 이야기는 무엇인가?

Value

미디어 정보를 선정할 때 객관, 흥미, 유익, 영향 등 무엇을 우선시할까?

Wishes

사람들이 미디어에 바라는 것이 있다면 무엇이며, 이유는?

Person

내가 미디어를 운영하게 된다면 어떤 인물을 섭외할까?

Choice

사람들이 많이 이용하는 미디어를 유추하면? 유튜브, 게임, 만화 등

Need

공동체를 위해 필요한 미디어는 무엇이며, 이유는?

Stress

미디어로
스트레스 해소할 방법
한 가지를 말한다면?

Hand

오른쪽 플레이어가
손으로 미디어를
표현하면 맞히기

Sing

Action 당첨!
미디어로 들은
노래 부르기

Play

미디어로 친구들과
할 수 있는 놀이
한 가지 발표하기

Body

Action 당첨!
'미디어' 글자를
몸으로 표현하기

Hip

Action 당첨!
'유튜브' 글자를
엉덩이로 표현하기

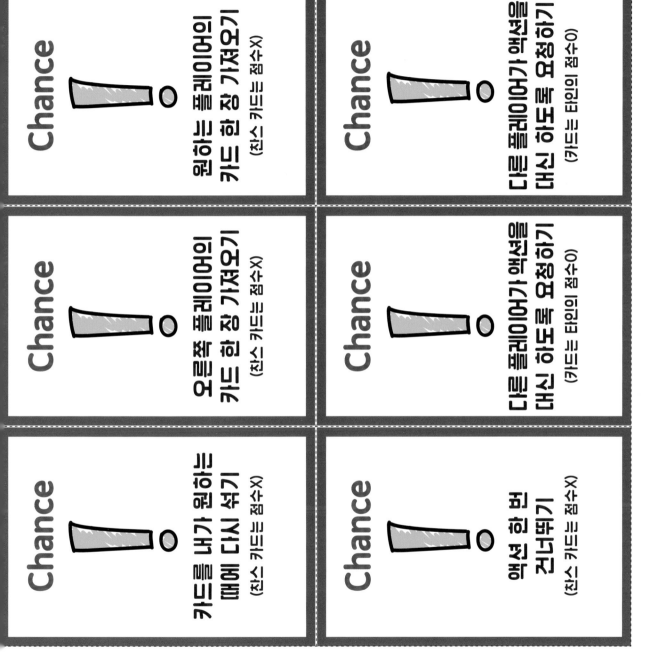

Chance

원하는 플레이어의
카드 한 장 가져오기
(잔스 카드는 점수X)

Chance

다른 플레이어가 액션을
대신 하도록 요청하기
(카드는 타인의 점수0)

Chance

오른쪽 플레이어의
카드 한 장 가져오기
(잔스 카드는 점수X)

Chance

다른 플레이어가 액션을
대신 하도록 요청하기
(카드는 타인의 점수0)

Chance

카드를 내가 원하는
때에 다시 섞기
(잔스 카드는 점수X)

Chance

액션 한 번
건너뛰기
(잔스 카드는 점수X)

게임 준비(모둠별)

1. 세팅

4~5명을 한 모둠으로 구성한다.

2. 시작

1) 가위바위보로 선플레이어를 정하고, 선플레이어는 진행 방향을 정한다.

2) 선플레이어는 출제자가 되어 전체 카드를 더미로 만들고 5장을 단어가 보이도록 한 줄로 내려놓는다.

게임 진행

3. 게임(5인 모둠으로 설명)

1) 출제자는 공개된 5장의 카드를 보고 마음속으로 우선순위를 정한다.

2) 출제자는 자신의 순위 숫자칩을 숫자가 보이지 않도록 카드 위에 올린다.

3) 다른 플레이어는 출제자의 입장에서 우선순위를 추론한다.

4) 모두가 보지 못하도록 카드 밑에 순위 숫자칩을 올려놓는다.

5) 출제자는 자신이 정한 순위를 설명하며 순위 숫자칩을 보여준다.

6) 다른 플레이어는 카드에 가까이 있는 색깔 순서대로 보여주며 1순위만 이유를 이야기한다.

7) 같은 방법으로 두 번째 플레이어가 출제자가 되어 카드를 5장 내려놓는다.

8) 시간 제한을 하거나 한두 바퀴 플레이한 후 게임을 끝낸다.

게임 결과

4. 승리 조건

점수가 가장 높은 사람이 우승한다.

출제자의 순위를 가장 많이 맞힌 플레이어가
카드 5장을 가져간다.

위의 경우 ★는 3개, ▲는 2개, ✽는 3개,
◼는 5개를 맞혔다.

그러므로 ◼는 5점을 획득한다.

2명의 동점자가 나오면 2점씩 나눠 가지고 남
은 1점은 버린다.

3명의 동점자가 나오면 1점씩 가지고 남은 2점
은 버린다.

4명의 동점자가 나오면 1점씩 가지고 남은 1점
은 버린다.

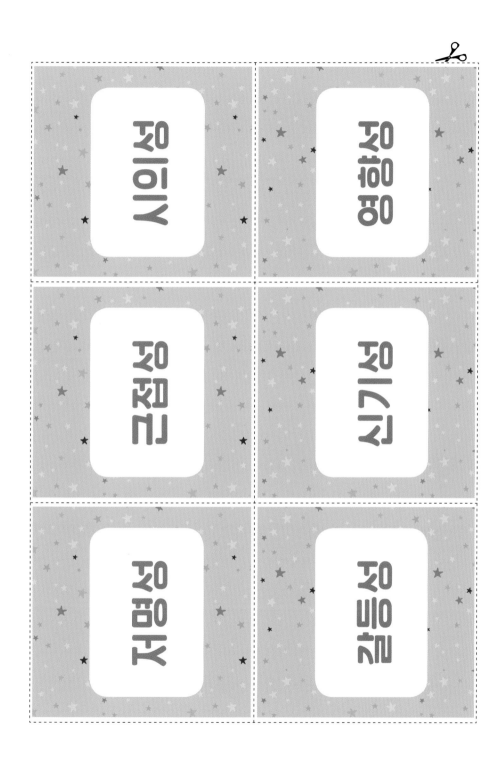

시의성

영향성

근접성

신기성

저명성

갈등성

모든 시기에 적절하고
의미 있는 사건

사회에 미치는 영향과
파장이 큰 사건

발생 위치나 지역이
독자 가까이에서
발생한 사건

일상시에 볼 수 없는
신기한 사건

유명한 사람, 집단,
지역, 국가 등이
관련된 사건

갈등이 있고,
관여된 집단이 많은
사건

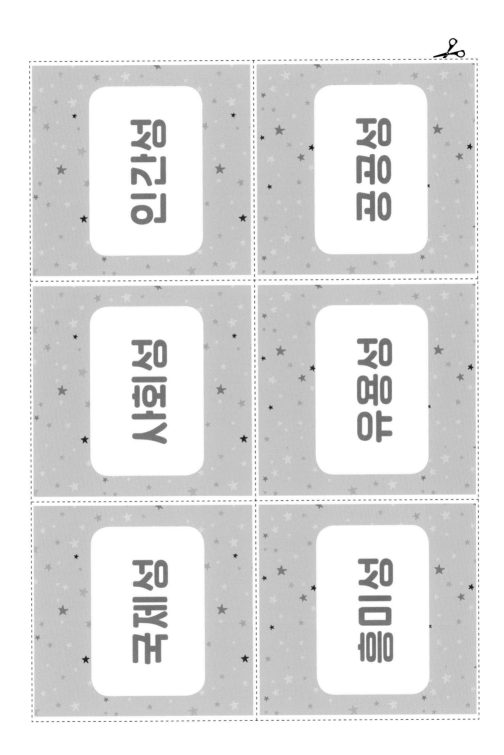

인간성

긴급성

사회성

유용성

국제성

흥미들

이슈보다 사람의 사연을 중심으로 다루는 사건

공공의 안녕과 행복을 위해 중요한 사건

정치·문화·경제를 중심으로 비중 있게 다루는 사건

일반 사회 구성원들에게 필요한 정보

국제·외교적으로 중요한 사건

호기심을 자극하고 관심을 유발하는 사건

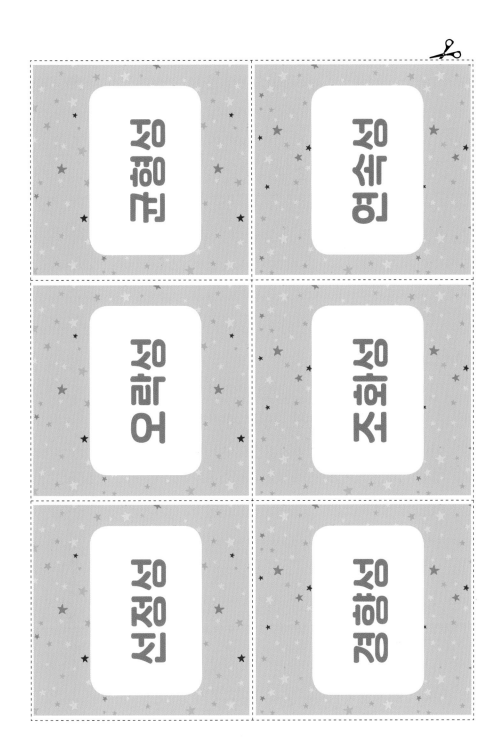

군형성

연속성

오락성

조화성

서정성

경향성

한쪽으로 쏠리지
않도록 싣는,
알려지지 않은 사람이나
집단의 새로운 시건

이미 보도된 이슈와!
욕속선상에 있는 사건

독자를 흘겁게
할 수 있는 시건

상식에 어긋나지 않고,
모순과 어긋남 없이
예상 가능한 시건

성적 또는
폭력적 소재를
포함한 시건

보도 담사의
경향에 적합한 시건

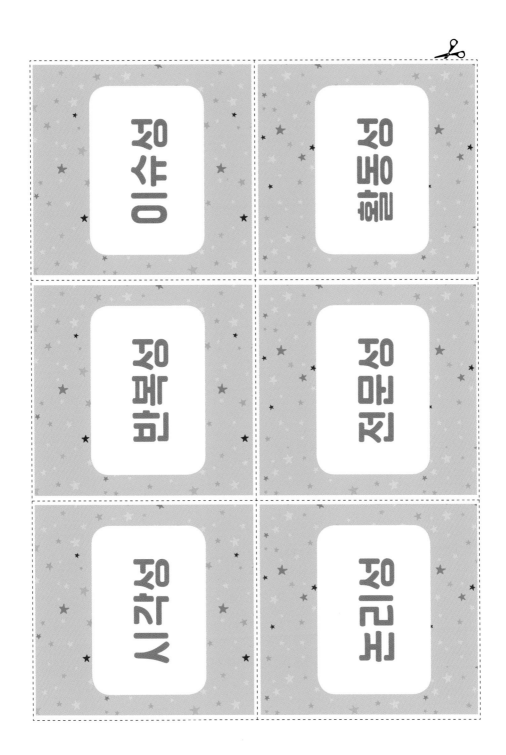

이수성

활동성

반복성

전문성

시각성

논리성

보도 당시 매우
중요한 이슈와
관련된 사건

관련 인물 또는
집단의 움직임이
연상되는 사건

비슷한 일이
자주 발생하는 사건

복잡한 내용이지만
적절한 전문지식으로
정확하게 설명되는 사건

화려하고 자극적으로
보이는 사건

앞뒤 인과관계가
긴밀하게 짜여진 사건

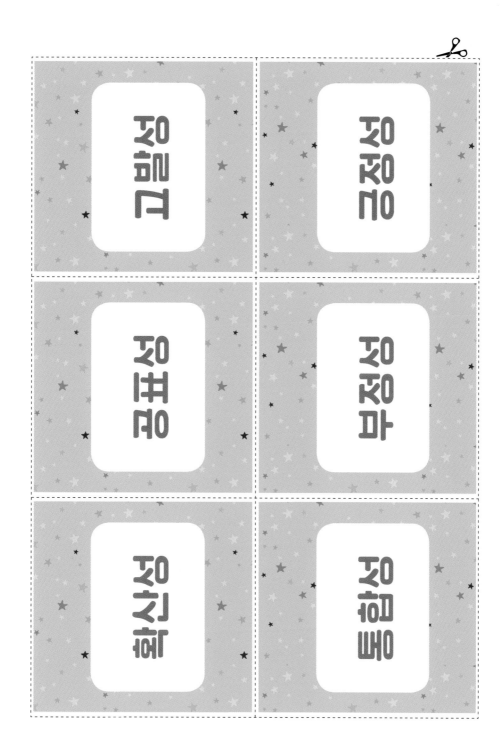

고립성

긍정성

공표성

무정성

확산성

통합성

긍정적 소개나 시각을 포함한 사건

숨겨진 비리를 세상에 밝히는 사건

부정적 소개나 시각을 포함한 사건

공개적으로 알릴 수 있고, 알릴 가치가 있는 사건

사회 구성원 통합에 도움되는 정보를 포함한 사건

사람들 사이에 관련된 대화를 유발할 사건

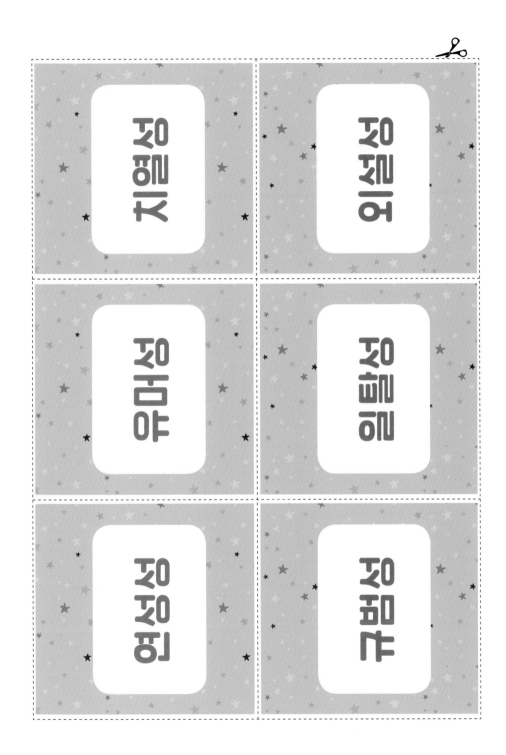

치열성

외설성

유머성

일탈성

연설성

규범성

성적 소재나 괴도한 성 묘사가 포함된 사건

관여된 이들이 많아 기세나 세력 등이 뿔뿔이 맹렬한 사건

통제적으로 발생당하기 어려운 사건

웃기는 내용, 즐거움을 무릅하는 사건

사회규범이나 도덕에 관여된 사건

가벼운 소재로 딱딱하지 않게 전달 가능한 사건

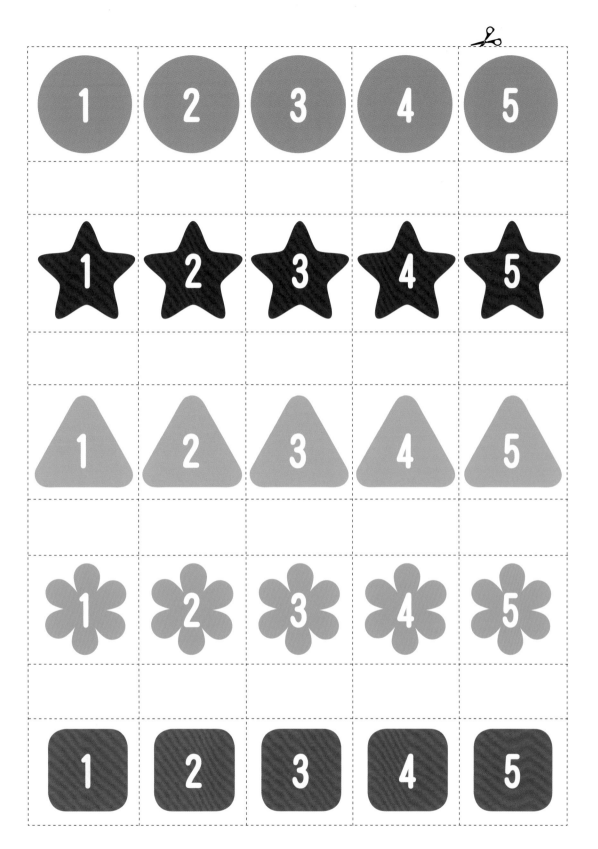

81

게임 준비(모둠별)

1. 세팅

4~5명을 한 모둠으로 구성한다.

2. 시작

1) 가위바위보로 선플레이어를 정하고, 선플레이어는 진행 방향을 정한다.

2) 선플레이어는 36장의 카드를 플레이어 수로 나누고, 몫만큼 플레이어에게 나눠 준다.(5명이 플레이할 경우 1인당 6장의 카드를 가진다.)

3) 나머지는 테이블 가운데에 더미를 만들어, 뒤집어 놓는다.

게임 진행

3. 게임(5인 모둠으로 설명)

1) 출제자는 자신의 카드에서 내려놓고 싶은 카드에 적힌 내용을 모두 읽는다.

2) 플레이어들은 내용을 들은 후, 자신의 손에 있는 카드 가운데 짝이 되는 카드를 확인하고, 혼자만 알고 있다.(출제자는 플레이어가 카드를 선택할 수 있도록 30초의 여유를 준다.)

3) 출제자가 하나, 둘, 셋을 외치면 출제자와 플레이어가 동시에 카드를 내려놓는다.
출제자의 손에 짝이 되는 두 장의 카드가 모두 있다면, 나만 알고 있다가, 하나 둘 셋을 외친 후 두 장의 카드를 함께 내려놓는다.

4) 출제자가 내려놓은 카드와 플레이어가 내려놓은 카드의 색깔을 통해 짝이 맞는지 확인한다.

카드의 짝이 맞으면 : 카드를 수거해 더미 아래로 넣는다.

카드의 짝이 아니라면 : 출제자의 카드는 더미 아래에 넣고, 플레이어의 카드는 다시 가져가고, 플레이어는 벌칙으로 더미의 새 카드 하나를 더 가져간다.

5) 손에 든 카드가 없어질 때까지 플레이한다.

게임 결과

4. 승리 조건

손에 든 모든 카드를 가장 먼저 내려놓는 사람이 승리한다.

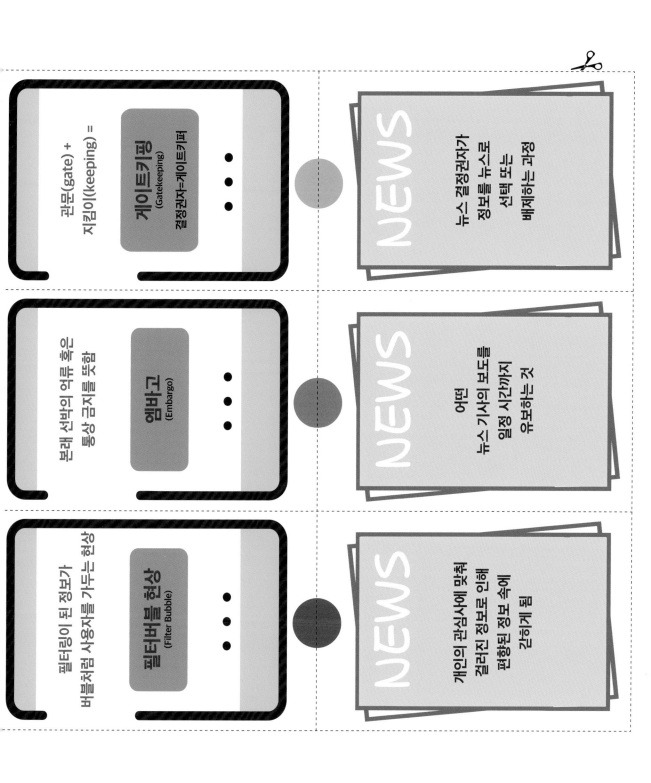

관문(gate) +
지킴이(keeping) =

게이트키핑
(Gatekeeping)
결정권자=게이트키퍼

NEWS

뉴스 결정권자가
정보를 뉴스로
선택 또는
배제하는 과정

본래 선박의 억류 혹은
통상 금지를 뜻함

엠바고
(Embargo)

NEWS

어떤
뉴스 기사의 보도를
일정 시간까지
유보하는 것

필터링이 된 정보가
버블처럼 사용자를 가두는 현상

필터버블 현상
(Filter Bubble)

NEWS

개인의 관심사에 맞춰
걸러진 정보로 인해
편향된 정보 속에
갇히게 됨

기자가 장기간에
걸쳐 파헤쳐 전달

탐사보도
(探査報道 Investigative
Journalism)

● ● ●

사람을 감동시키는
아름다운 내용이 담김

미담 뉴스
=화이트뉴스(White News)

● ● ●

언론학자, 언론을
애완견에 비유한 말

랩독
(Lapdog)

● ● ●

NEWS

알려지지 않은
범죄, 부패, 비리 등
특정 주제를 샅샅이
조사하여 알리는 것

NEWS

세상을 따뜻하고
환하게 밝혀주는
뉴스를 가리킴

NEWS

애완견처럼
주인 무릎 위에서
간식을 얻어먹는
역할을 하는 언론

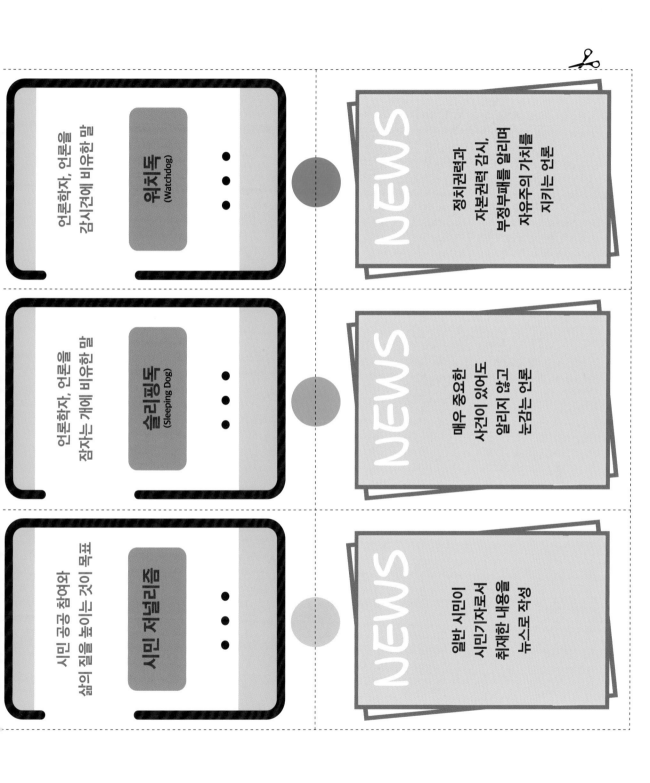

감시견에 비유한 말
언론학자, 언론을

워치독
(Watchdog)

●
●
●

NEWS

정치권력과
자본권력 감시,
부정부패를 알리며
자유주의 가치를
지키는 언론

잠자는 개에 비유한 말
언론학자, 언론을

슬리핑독
(Sleeping Dog)

●
●
●

NEWS

매우 중요한
사건이 있어도
알리지 않고
눈감는 언론

삶의 질을 높이는 것이 목표
시민 공공 참여와

시민 저널리즘

●
●
●

NEWS

일반 시민이
시민기자로서
취재한 내용을
뉴스로 작성

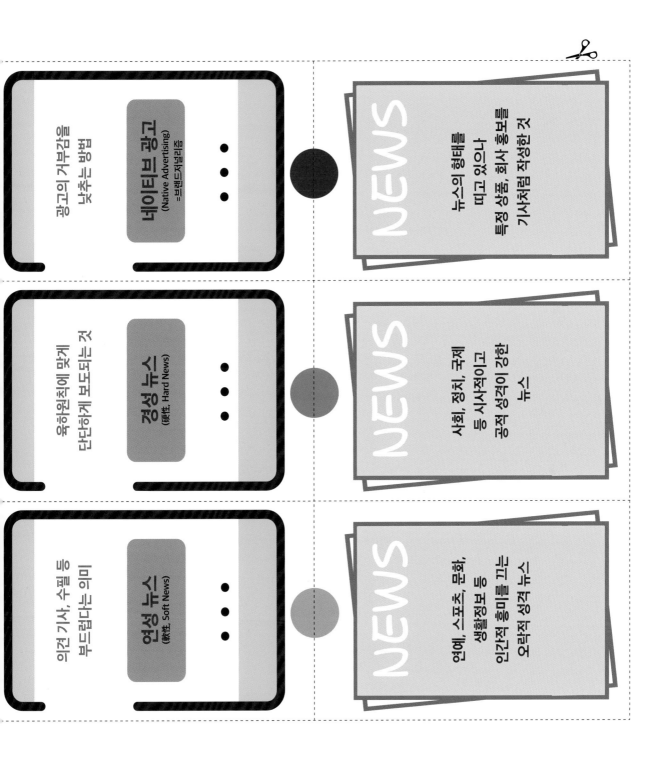

광고의 거부감을
낮추는 방법

네이티브 광고
(Native Advertising)
=브랜드저널리즘

뉴스의 형태를
띠고 있으나
특정 상품, 회사 홍보를
기사처럼 작성한 것

NEWS

육하원칙에 맞게
단단하게 보도되는 것

경성 뉴스
(硬性, Hard News)

사회, 정치, 국제
등 시사적이고
공적 성격이 강한
뉴스

NEWS

의견 기사, 수필 등
부드럽다는 의미

연성 뉴스
(軟性, Soft News)

연예, 스포츠, 문화,
생활정보 등
인간적 흥미를 끄는
오락적 성격 뉴스

NEWS

언론인 J. 퓰리처의 유산으로
1917년에 창설

퓰리처상

·
·
·

NEWS

미국에서 권위 있는
보도·문학·음악상.
언론 14개 부문,
문학·드라마·음악
7개 부문 선정

인간 창작물인
저작물에 대한 권리

저작권
(Copyright, 著作權)

·
·
·

NEWS

뉴스는 공익 또는
비영리 목적으로
사용하더라도
허락을 얻거나
고지해야 함

언론으로 인한
분쟁을 해결하는

언론중재위원회

·
·
·

NEWS

언론으로 인해
피해를 입은 경우
조정이나 중재로
정정, 반론 보도 등
청구 가능

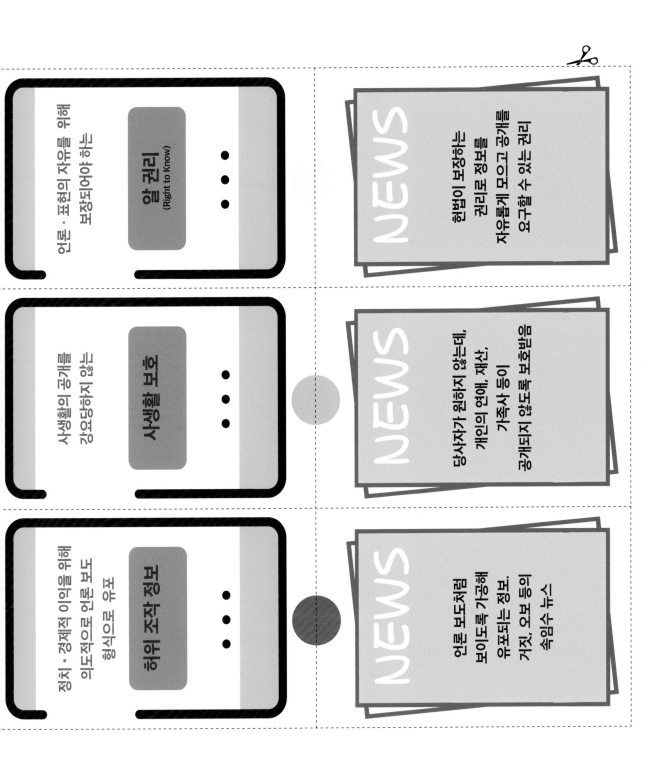

알 권리
(Right to Know)

언론 · 표현의 자유를 위해 보장되어야 하는

사생활 보호

사생활의 공개를 강요당하지 않는

허위 조작 정보

정치 · 경제적 이익을 위해 의도적으로 언론 보도 형식으로 유포

NEWS

헌법이 보장하는 권리로 정보를 자유롭게 모으고 공개를 요구할 수 있는 권리

NEWS

당사자가 원하지 않는데, 개인의 연애, 재산, 가족사 등이 공개되지 않도록 보호받음

NEWS

언론 보도처럼 보이도록 가공해 유포되는 정보. 거짓, 오보 등의 속임수 뉴스

게임 준비(모둠별)

1. 세팅

4~5명을 한 모둠으로 구성한다.

2. 시작

1) 모둠에서 특파원을 선정하고, 특파원은 옆 모둠으로 이동하여 앉는다.(특파원은 파견된 곳에 합류하여 게임하면서, 타 신문사가 거짓 플레이를 하지 않는지 살피는 역할을 한다.)

2) 플레이어들은 주사위를 굴려 큰 수가 나온 사람부터 역할 카드를 하나씩 갖는다.

3) 플레이어들은 각자 주사위를 굴리지만, 자신의 신문사를 위해 협력한다.

게임 진행

3. 게임(4~5인 모둠으로 설명)

1) 특파원부터 ①주사위를 던지고 나온 숫자만큼 칸을 이동한다. 이때 각자의 역할이 모둠에 도움이 될 수 있도록, 이동 방향 등에 대해 함께 의논해도 좋다. ②주사위 숫자만큼 이동 후, 뉴스 카드 더미에서 한 장을 뽑아, 다른 플레이어에게 읽어준 후, 미션을 수행한다.

2) 다음 플레이어가 시계방향으로 돌아가며, ①, ② 과정을 수행한다.

3) 미션 수행 후 뉴스, 이미지, 광고, 사진 등의 칩을 왼쪽 칸에 공동으로 모은다.

4) 칩이 보드판 상단의 숫자만큼 모이면, 해당하는 칩을 칸 위에 올려놓는다.

4) 특파원은 제작 과정에서 문제가 있었는지 파악하고 이상이 없다면 '플레이'를 외친다.

5) 가장 먼저 전체 지면을 발행한 팀이 나오거나 지정된 시간이 지나면 게임이 끝난다.

참고

*능력카드

· 광고기획자, 인터뷰기자, 취재기자, 삽화가, 사진기자, 보도국 기자는 각 카드에 쓰인 능력을 발휘할 수 있다. 가령 취재기자는 주사위로 이동하여 신문사와 아파트에 도착하면 뉴스 1개를 획득할 수 있다.

· 능력을 발휘한 후 바로 다시 같은 장소로 이동할 수 없다. 즉, 신문사에서 나와 바로 다시 돌아서 신문사로 들어갈 수 없다는 것이다.

*주사위 이동

· 칸을 이동할 때 건물은 1칸 이상으로 계산한다. 가령 박물관은 크게 1칸으로 계산할 수도 있고, 작게 쪼개어 4칸으로 계산할 수도 있다. 이동해야 하는 수만큼 적용하면 된다.

· 건물로 들어갈 때에는 열린 곳으로 들어가서 반대편 열린곳으로 나온다. 이때 박물관에 들어가서 나오는 동안 1칸으로 계산하기도 하고, 통로로 이동한 3칸만 계산해도 된다.

게임 결과

4. 승리 조건

가장 먼저 신문을 발행하거나 가장 많은 지면을 제작한 팀이 이긴다.

	1면 종합	2면 정치	3면 경제	4면 사회
	뉴스2 사진1 광고1	뉴스1 사진1 광고1	뉴스1 이미지1 사진1 광고1	뉴스2 이미지1 광고1
뉴스	방송사	방송국 기자 기타 기자		
사진				유튜브
이미지	카페 신문사 취재기자			
광고				콘서트장
뉴스카드	레스토랑 잡지사	광고회사 광고 기획자		

룩이 울긋

유럽발신
표리건시

윤곤흘시

표편리건사

온해전

대학

안애온

약품

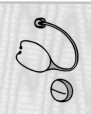

방송사

잡지사
인터뷰 기자

영화관

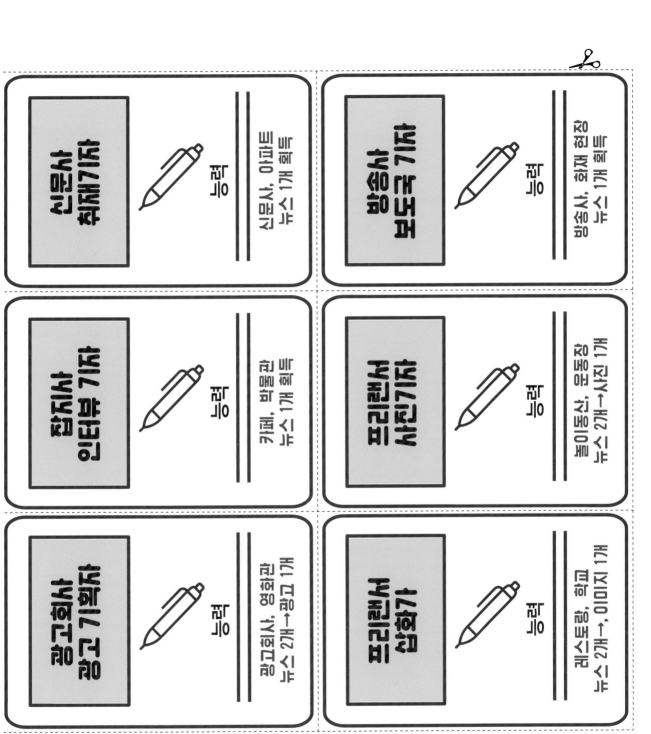

신문사
취재기자

능력

신문사, 아파트
뉴스 1개 획득

방송사
보도국 기자

능력

방송사, 화재 현장
뉴스 1개 획득

잡지사
인터뷰 기자

능력

카페, 박물관
뉴스 1개 획득

프리랜서
사진기자

능력

놀이동산, 운동장
뉴스 2개→사진 1개

광고회사
광고 기획자

능력

광고회사, 영화관
뉴스 2개→광고 1개

프리랜서
삽화가

능력

레스토랑, 학교
뉴스 2개→, 이미지 1개

NEWS 사진

사진 뉴스의 특성인
시의성과 색감, 각도를 살린
예술성을 이해

사진 1개 받음
(or 뉴스 1개 받음)

NEWS 사진

의도하는 바를
잘 나타내기 위해
사진 두 장을 합성

사진 2개 받남
(or 뉴스 3개 받남)

NEWS 사진

언론사 사진은
보도를 위해 찍었기에
모두 진실로 받아들임

사진 1개 받남
(or 뉴스 2개 받남)

NEWS 사진

언론사 보도 사진은
세상을 움직이는
힘을 갖고 있기에
신중하게 촬영

사진 1개 받음
(or 뉴스 2개 받음)

NEWS 사진

사진 한 장도
직업윤리와 인간의 도리를
고민해야 함을 알게 됨

사진 1개 받음
(or 뉴스 2개 받음)

NEWS 사진

같은 보도 사진도
각도, 방향 부분에
따라 다른 느낌을
준다는 것을 이해

사진 1개 받음
(or 뉴스 1개 받음)

광고 NEWS

뉴스에 광고가
많은 이유는
언론사 주요 수입원이
광고이기 때문임을 알게 됨

광고 1개 반납
(or 뉴스 2개 반납)

광고 NEWS

언론사는 광고주 관련
뉴스의 경우
광고 수입 영향에서
자유롭지 못함

광고 1개 반납
(or 뉴스 2개 반납)

광고 NEWS

뉴스인 줄 알고
친구에게 공유했는데
기사형 광고였음

광고 1개 반납
(or 뉴스 2개 반납)

광고 NEWS

기업이 제보한
광고성 기사가
있을 수 있음을 알고
비판적으로 읽으려고 노력함

광고 1개 반납
(or 뉴스 2개 반납)

광고 NEWS

제대로 된 뉴스라고
생각하고 읽었는데,
기사를 가장한
광고성 기사였음

광고 1개 반납
(or 뉴스 2개 반납)

광고 NEWS

광고도 정보이므로,
광고임을 알고
정보를 비판적으로
이해하려고 노력

광고 1개 받음
(or 뉴스 2개 받음)

게이트키핑 NEWS

인터넷 매체 중 게이트키핑 기준을 독자의 클릭 수로 삼는 곳도 있음

뉴스 2개 받남

게이트키핑 NEWS

뉴스를 마음대로 선택, 편집하는 게이트키핑의 문제를 꼬집음

뉴스 1개 받음

게이트키핑 NEWS

게이트키핑 관련해 경영진 vs 편집장 권한에 대한 생각과 주장이 엇갈림

취재기자 출발점으로

게이트키핑 NEWS

온라인 시대의 문제로 게이트키핑 되지 않은 뉴스가 무제한 쏟아짐

기자 모두 출발점으로

게이트키핑 NEWS

게이트키핑의 단계를 이해하고 뉴스를 다양하게 보려고 노력

뉴스 1개 받음

게이트키핑 NEWS

유사 언론사가 쓴 게이트키핑이 되지 않은 뉴스에 대해 비판적으로 보려 함

뉴스 1개 받음

저작권 NEWS

사진 찍은 사람 허락 없이 교육용 자료로 사용하여 저작권 침해함

사진 1개 반납
(or 뉴스 2개 반납)

저작권 NEWS

뉴스를 짜깁기하여 블로그에 올리고 지인에게 공유했는데 저작권 침해였음

뉴스 2개 반납

저작권 NEWS

뉴스 출처를 밝히고 나의 블로그와 SNS에 임의로 게시하여 저작권 침해함

뉴스 2개 반납

뉴스 플랫폼 NEWS

플랫폼이 제공하는 뉴스만 읽지 않고, 다양한 분야의 뉴스 접함

뉴스 1개 받음

뉴스 플랫폼 NEWS

한 가지 뉴스 플랫폼만 이용하여 제한된 뉴스를 소비하게 됨

뉴스 1개 반납

뉴스 플랫폼 NEWS

다양한 뉴스 플랫폼 이용과 언론 사이트 활용으로 제한된 시각에서 벗어남

뉴스 1개 받음

엠바고

NEWS

지역 언론사의
엠바고 인식 부족으로
지역 도청 보도자료를
사전에 유포

뉴스 2개 받남

엠바고

NEWS

리비아에 한국인 납치돼,
정부의
국민 안전 위한
엠바고 요청 이행

뉴스 1개 받음

낚시성 뉴스

NEWS

낚시성 뉴스는
제목만으로
사건을 판단하게 하는
문제가 있음을 알게 됨

이미지 1개 받음

낚시성 뉴스

NEWS

독자는 제목에 부합하는
뉴스를 원하지만
낚시성 제목 뉴스가
기대를 저버림

뉴스 1개 받남

낚시성 뉴스

NEWS

인터넷 매체 발달로
이슈를 미끼로
낚시성 뉴스가
더욱 기승

뉴스 2개 받남

낚시성 뉴스

NEWS

자극적, 선정적
제목으로 흥미를 끌어
내용을 보도록 유인

뉴스 2개 받남

뉴스 NEWS

뉴스는 한 사회의 규범과 가치, 제도 등을 알리는 역할

뉴스 1개 받음

뉴스 NEWS

뉴스를 그대로 받아들여 뉴스에 대한 다른 의견을 갖지 않음

뉴스 2개 반납

뉴스 NEWS

일반 정보보다 뉴스 형태가 신뢰도 높기 때문에 유사 뉴스로 정보 제작

뉴스 1개 반납

허위 조작 정보 NEWS

뉴스를 확인이나 검증 없이 부정적이고 자극적인 제목을 달아 재생산해 한 사람의 삶을 파탄냄

뉴스 2개 반납

허위 조작 정보 NEWS

때로는 소문을 기자가 확인 없이 뉴스로 보도해 사회적으로 문제

모두 출발점으로

허위 조작 정보 NEWS

최근 SNS를 통해 허위 조작 정보가 노인을 대상으로 파고듦

뉴스 1개 반납

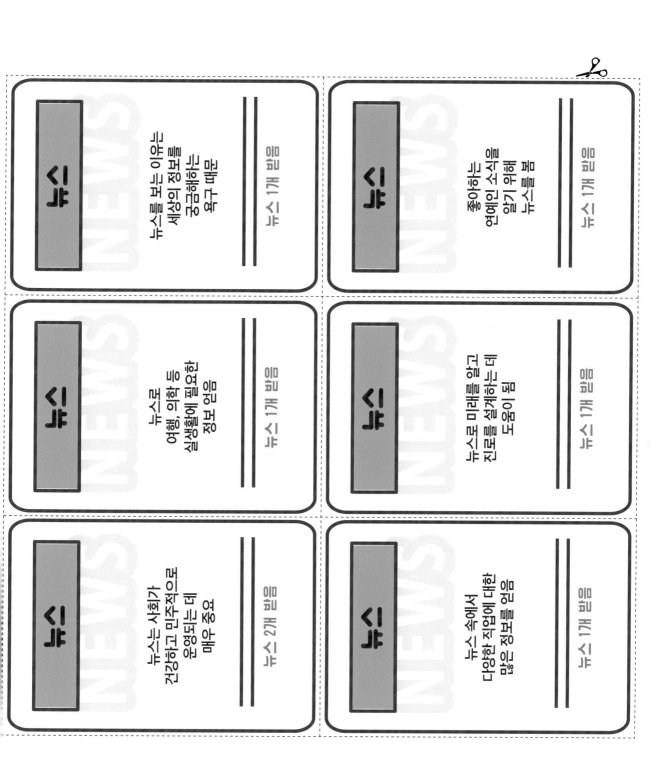

NEWS 뉴스

뉴스를 보는 이유는
세상의 정보를
궁금해하는
욕구 때문

뉴스 1개 받음

NEWS 뉴스

좋아하는
연예인 소식을
알기 위해
뉴스를 봄

뉴스 1개 받음

NEWS 뉴스

뉴스로
여행, 외환 등
실생활에 필요한
정보 얻음

뉴스 1개 받음

NEWS 뉴스

뉴스로 미래를 알고
진로를 설계하는 데
도움이 됨

뉴스 1개 받음

NEWS 뉴스

뉴스는 사회가
건강하고 민주적으로
운영되는 데
매우 중요

뉴스 2개 받음

NEWS 뉴스

뉴스 속에서
다양한 직업에 대한
많은 정보를 얻음

뉴스 1개 받음

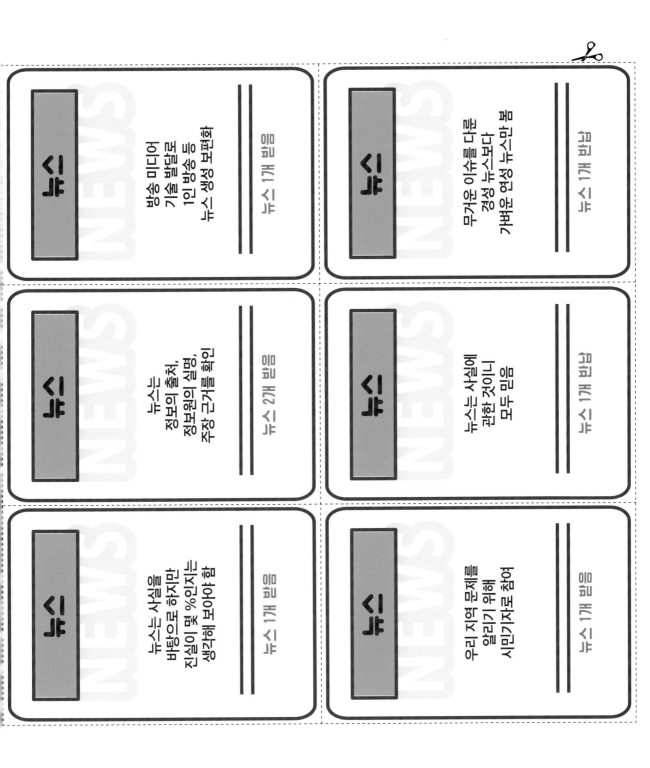

뉴스
NEWS

방송 미디어
기술 발달로
1인 방송 등
뉴스 생성 보편화

뉴스 1개 받음

뉴스
NEWS

무거운 이슈를 다룬
경성 뉴스보다
가벼운 연성 뉴스만 봄

뉴스 1개 반납

뉴스
NEWS

뉴스는
정보의 출처,
정보원의 실명,
주장 근거를 확인

뉴스 2개 받음

뉴스
NEWS

뉴스는 사실에
관한 것이니
모두 믿음

뉴스 1개 반납

뉴스
NEWS

뉴스는 사실을
바탕으로 하지만
진실이 몇 %인지는
생각해 보아야 함

뉴스 1개 받음

뉴스
NEWS

우리 지역 문제를
알리기 위해
시민기자로 참여

뉴스 1개 받음

뉴스 알고리즘 NEWS

뉴스 알고리즘을 이해하고 비교하며 뉴스를 보기로 함

뉴스 1개 받음

뉴스 알고리즘 NEWS

뉴스가 알고리즘에 의해 제작될 수 있음을 몰랐으므로 모두 진실로 받아들임

뉴스 1개 받음

어뷰징 NEWS

언론사가 클릭 수를 높이기 위해 제목을 바꿔 동일한 뉴스를 계속 올림

뉴스 2개 반납

어뷰징 NEWS

언론사가 제목을 바꿔 동일한 뉴스를 계속 올리는 것을 신고

뉴스 1개 받음

필터버블 NEWS

필터링 기술은 인공지능 발전으로 이어져 딥러닝을 가능하게 함

뉴스 1개 받음

필터버블 NEWS

필터링 기술은 특정 성향의 사람이 특정 정보만 취득해 양극화 현상을 보임

뉴스 2개 반납

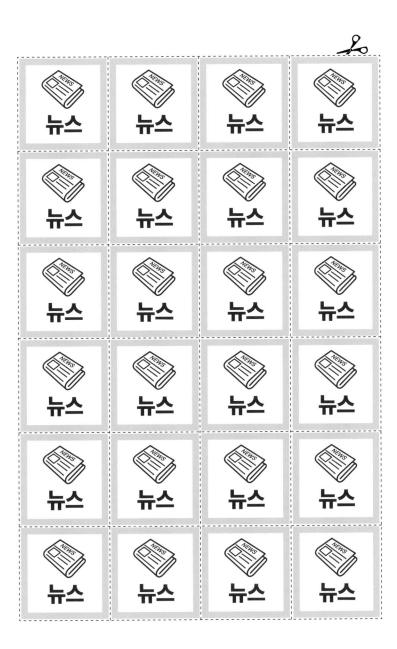

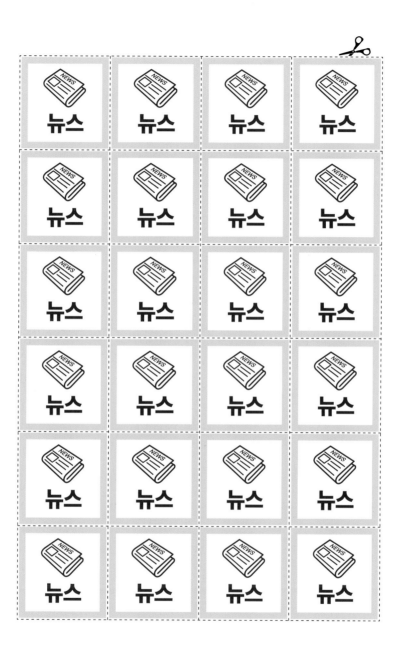

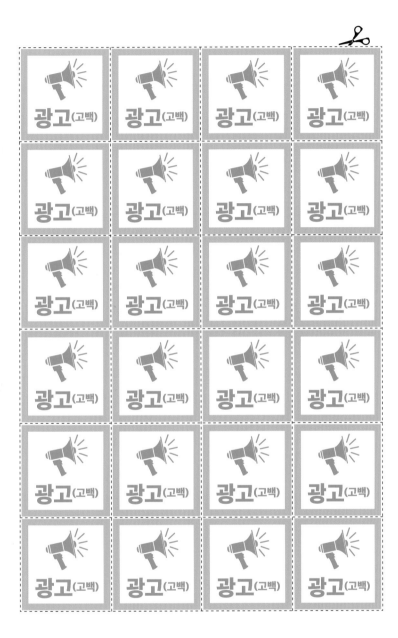

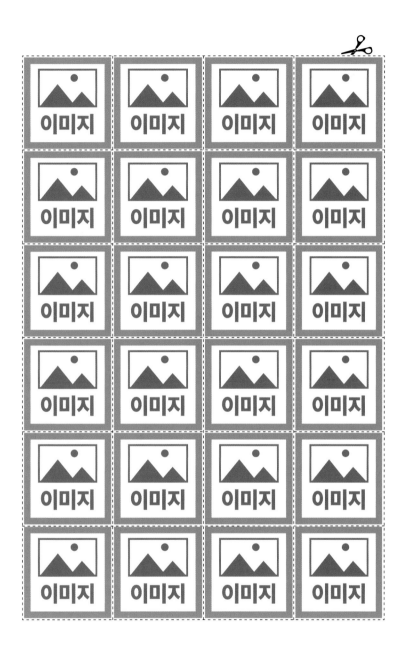

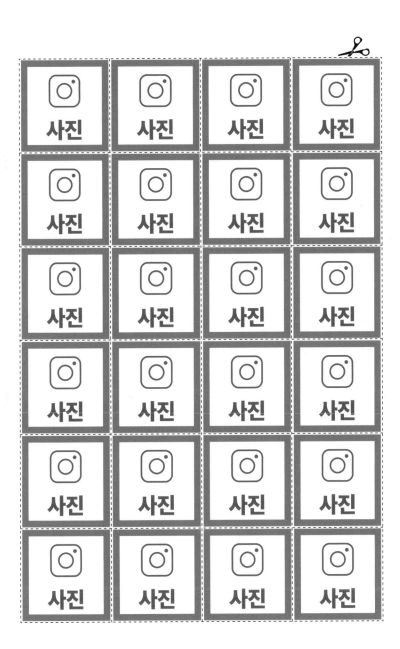

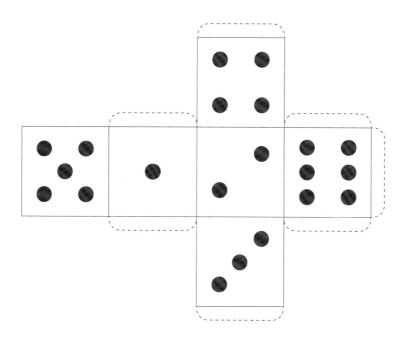

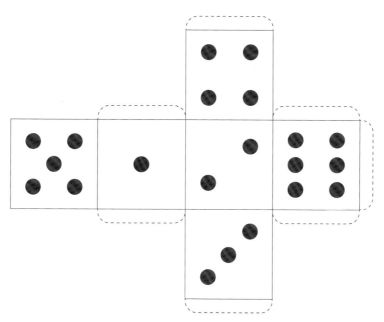

 보도국 기자 취재 기자 광고 기획자 인터뷰 기자 사진 기자 삽화가

미디어 정비자 Q&A 카드

뉴스 가치 지수 카드

뉴스 용어 짝 찾기 카드

뉴스 리터러시 카드